AF549881

André Frossard

Maximilian Kolbe

ANDRÉ FROSSARD

MAXIMILIAN KOLBE

Vergesst die Liebe nicht

Eine Biografie

media
maria

Bibliografische Information: Deutsche Nationalbibliothek.
Die deutsche Nationalbibliothek verzeichnet diese Publikation in der Deutschen Nationalbibliografie; detaillierte bibliografische Daten sind im Internet über http://dnb.ddb.de abrufbar.

Die Originalausgabe erschien unter dem Titel:
»N'oubliez pas l'amour. La Passion de Maximilian Kolbe«

Die Leidenschaft. Eine Biografie des Maximilian Kolbe
André Frossard
Übersetzung: Theresa-M. Bullinger
Erstausgabe erschienen beim Kreuz-Verlag, 1988

Die Fußnoten wurden vom MEDIA-MARIA-Verlag eingefügt.

MAXIMILIAN KOLBE
VERGESST DIE LIEBE NICHT. EINE BIOGRAFIE
André Frossard

Genehmigte Lizenzausgabe für MEDIA MARIA Verlag, Illertissen

ISBN 978-3-9454010-5-7

www.media-maria.de

Seiner Heiligkeit Papst Johannes Paul II. gewidmet, der auf Wahrheit und Gerechtigkeit bedacht ist und aufmerksam auf die Stimme der Völker hört und der den Märtyrertod Kolbes verkündet hat.

Inhalt

Im September 1939, nach der Invasion Polens durch Hitler, mussten beinahe alle Franziskaner von Niepokalanów ihr Kloster verlassen. Ehe er sie in ihr unbekanntes Schicksal entließ, das für die einen das Exil, für die anderen Gefängnis oder Tod bedeutete, gab ihnen Maximilian Kolbe folgendes Wort mit auf den Weg:

»Vergesst die Liebe nicht!«

Die Messe in roten Gewändern

Das Wetter war schön, wie es im Herbst in Rom immer ist. Die Ruinen glichen sonnendurchtränkten Schwämmen, und die sehr laue Luft, die ohne jede Bewegung war, ließ die ebenfalls regungslos stehenden Pinien sehr dekorativ aussehen.

An diesem Morgen verließ Pater D. schon sehr früh das ehemalige Franziskanerkolleg, um zwischen dem Palatinhügel und dem Tarpejischen Felsen den Bus zu besteigen.

Er war eingeladen, in der Peterskirche die Messe der Heiligsprechung Maximilian Kolbes zu konzelebrieren, und er betete inständig darum, dass sein Landsmann und Glaubensbruder an diesem Vormittag von Johannes Paul II. zum Märtyrer ernannt werde, war jedoch nicht sicher, ob sein Gebet erhört würde. Während er auf den Bus wartete, schweiften seine Blicke vom kaiserlichen Hügel zum Felsen am Westabhang des Kapitols, und seine Hoffnungen schwankten zwischen Freude und Furcht.

Er wusste, dass bis zur letzten Minute Einwände vonseiten der Experten bestanden hatten. Letztere bezweifelten keineswegs die Heiligkeit Maximilian Kolbes, dessen christliches Heldentum sie übrigens schon vor Jahren anerkannt hatten. Ein Mann, der sich dem Evangelium gewidmet hatte, der – in Auschwitz inhaftiert – sein Leben hingab, um das eines zum Hungertode verurteilten Mitgefangenen zu retten: Wer hätte leugnen können, dass er nicht würdig wäre, in allen Kirchen der christlichen Welt verehrt zu werden? Aber selbst wenn die Theologen darin übereinstimmten, dass Kolbe kanonisiert werden sollte, so verstanden sie darunter eine Heiligsprechung als »Bekenner« in der gewöhnlichen Liste der Heiligen und nicht eine solche als »Märtyrer«. Über diesen Punkt befragt, hatten sie negative oder zumindest keine zweifelsfreien Schlussfolgerungen gezogen: Wenn Kolbe auch in der Tat im August 1941 einen Akt christlicher Nächstenliebe vollzogen habe, indem er für einen anderen Menschen starb, so war er doch von seinen Henkern nicht ausdrücklich und direkt über seinen Glauben befragt worden, wie es die traditionelle Definition eines Märtyrers erfordere, sodass man ihn in diesem Sinne nicht verehren könne, ohne alle theologischen Grundsätze umzuwerfen.

Pater D. überlegte, ob sich wohl Johannes Paul II., obwohl sein Wille in dieser Angelegenheit Gesetzeskraft hatte, durch die Meinungen der Theologen verpflichtet fühlen oder sich über sie hinwegsetzen würde, um der weltweiten Erwartung zu entsprechen, aber auch seinem ureigensten Wunsch nachzugeben.

Es war Sonntag, der 10. Oktober 1982.

Als Pater D. auf dem Petersplatz eintraf, waren schon zweihunderttausend Menschen versammelt, die auch nicht mehr wussten als er. Die Monsignori, denen er unterwegs begegnet war, hatten zum Zeichen ihres Nichtwissens die Augenbrauen hochgezogen. Auch wenn in den Blicken dieser Männer, deren Wahrnehmungsfähigkeit durch das im Vatikan herrschende Schweigen außergewöhnlich gut entwickelt ist, kein Unwille zu lesen war, so hatten ihre niedergeschlagenen Augen doch etwas von der Traurigkeit eines Spürhundes, der seine Fährte verloren hat. Ein Bekenner? Ein Märtyrer? – Johannes Paul II., ein Genie der Kommunikation, hatte keinerlei Mitteilungen darüber gemacht. Da er mit sich selbst in seiner Hauskapelle zu Rate zu gehen pflegt, wo er nur Gott selbst zu seinem Vertrauten hat, sind seine letzten Geheimnisse wohlbehütet.

Der Tisch des Herrn, im Schmuck von weißen und malvenfarbigen Blumen, war an seinem gewöhnlichen Ort vor dem Petersdom oberhalb der Stufen hergerichtet worden. Von der mittleren Loggia zwischen den Kolonnen der hell schimmernden Vorderfront hing ein langer Wandteppich. Unter ihm befand sich das Wappen Johannes Pauls II. mit dem asymmetrischen Kreuz, dessen linker Arm den Anfangsbuchstaben Marias schützt. In der Mitte war ein Porträt von Maximilian Kolbe in der schwarzen Kutte eines Franziskanermönches aufgehängt; auf seinem Hintergrund aus Gewitterblau hoben sich gleich weißen Vögeln die Wolken ab; hinter der Gestalt Kolbes war der Widerschein einer Feuersbrunst sowie – in der Ferne – eine in einen Regenbogen eingebettete Kirche zu sehen. Die zwei weißen und roten Blumenmotive in den oberen Ecken erinnerten immer wieder an die Frage: Bekenner oder Märtyrer?

Niemand konnte diese Frage beantworten, weder die gewandten Monsignori noch die würdigen Bischöfe, noch die zwischen Berninis marmorner Einfriedung verharrende Menge. Und erst als Pater D. die Sakristei von Sankt Peter betrat und auf dem Tisch die roten Messgewänder sah, wusste er, dass Kolbes Opfer diejenige Weihe verliehen bekommen würde, die ihm zustand. Johannes Paul II. hatte sich über die gegenteiligen Meinungen hinweggesetzt und für den »Märtyrer« entschieden. Und Pater D. konnte endlich, nach so großer Befürchtung und Besorgnis, aus Erleichterung und Dankbarkeit weinen.

Die auf dem Petersplatz versammelten Zuschauer begriffen die Entscheidung erst, als sie den Papst auf dem Vorplatz in rote Gewänder gekleidet erscheinen sahen, und nach einem Augenblick des Schweigens brach ein ungeheurer Jubel der Zustimmung unter dem Volke aus.

Die Zeremonie war sehr schön und dauerte von zehn Uhr bis zum Mittag.

Nach den Eingangsgesängen begaben sich die drei Postulatoren – der Kardinalpräfekt der Kongregation für die Selig- und Heiligsprechungsprozesse, der Advokat des Konsistoriums und der Generalobere der Franziskaner – zu Johannes Paul II., um ihn »im Namen der Kirche« zu ersuchen, Maximilian in das Buch der Heiligen einzuschreiben.

Der Papst antwortete nicht sofort. Das Volk und die Zelebranten knieten nieder, um die Allerheiligenlitanei zu beten. Als danach wieder Stille eingetreten war, erhoben sich alle, um die Antwort Johannes Pauls II. zu hören:

»Zu Ehren der Heiligsten Dreifaltigkeit, zum Ruhme des katholischen Glaubens und damit das christliche Leben wachse, mit der Autorität Unseres Herrn Jesus Christus, der heiligen Apostel Petrus und Paulus und Unserer Autorität: Nachdem Wir lange darüber nachgedacht haben und die Hilfe vieler Unserer Brüder im Bischofsamt in Anspruch genommen haben, erklären Wir den seligen Maximilian Maria Kolbe zum Heiligen und schreiben ihn in das Buch der Heiligen ein, damit er von der ganzen heiligen Kirche als Märtyrer gottesfürchtig verehrt werde.«

Die hierauf folgenden Homilien begannen mit einer Lesung des Evangeliums: »Es gibt keine größere Liebe, als wenn einer sein Leben für seine Freunde hingibt.« Es sei Kolbe gegeben gewesen – so Johannes Paul II. –, diese Worte dem Buchstaben nach zu erfüllen. Es sei unmöglich gewesen, so sagte er weiter, so als ob er seine Entscheidung begründen wollte, die vielfachen Stimmen des Volkes Gottes nicht zu hören, zu ignorieren, dass Maximilian Kolbe durch diesen freiwillig auf sich genommenen Tod Jesus Christus, dem Urbild aller Märtyrer, ähnlich wurde, der am Kreuz sein Leben hingab für seine Brüder. Es sei unmöglich gewesen, aus diesem Opfer nicht ein besonders glaubwürdiges Zeugnis der Kirche in unserer heutigen Welt zu sehen und gleichzeitig eine besonders eindringliche Botschaft und ein

Zeichen für unsere Zeit. Schließlich habe sich gezeigt, dass – auch wenn sich die Theologen über die Frage des Märtyrertums streiten mochten – der Liebe dies nicht mehr länger möglich war.

Während der Messe konnte man beobachten, dass das Gesicht Johannes Pauls II. noch vom Leiden gezeichnet war, das die Zeit nicht wieder geheilt hatte. Im Jahr vorher war er, kaum wenige Schritte von hier, unter den Schüssen eines gedungenen Mörders zusammengebrochen, und bis hin zum Krankenhaus hatten seine weißen Gewänder seine blutenden Wunden verborgen. Schon nach fünf Stunden gnädigen Vergessens in der Narkose, kaum dass er wieder das Ufer des Bewusstseins erreichte, hatte er dem Attentäter vergeben.

So geschah es, dass an diesem Oktobersonntag auf dem Platz, auf dem die Kirche seit jeher zur Vergebung einlädt und zur Barmherzigkeit aufruft, ein großzügiges Herz eines ebensolchen feierlich gedachte: Der Genesende von den Folgen einer hasserfüllten Tat stellte der Welt einen Menschen der Barmherzigkeit und Nächstenliebe als Beispiel vor, einen Märtyrer aus Auschwitz und einen aus den menschlichen Abgründen hervorgegangenen Heiligen.

Wer aber war Kolbe?

Die Familie Kolbe

Nach unserem Kalender wurde Maximilian Kolbe am 27. Dezember 1893 in dem polnischen Dorf Zduńska-Wola geboren; nach dem Kalender der Zaren war es erst am 7. Januar 1894. Diese illusorische Verjüngung um zwei Wochen war so ungefähr das einzig Gute, was die Polen der russischen Oberherrschaft verdankten. Denn in jenen Tagen war Polen zwischen Preußen, Österreich und Russland aufgeteilt. Es sah sich wieder einmal seiner geografischen Stützpunkte beraubt und hing wie eine religiöse Komprimierung in der Luft, wobei Glaube und Patriotismus, so wie es auch heute wieder der Fall ist, identisch waren. Gläubig und Pole zu sein war ein und dasselbe; die katholische Kirche spielte dabei die Rolle einer lebendigen Heimat für die christliche Hoffnung und zugleich bewahrte sie die momentane heimatlose nationale Identität.

Der Neugeborene wurde noch am selben Tage auf den Namen Raimund getauft, ehe er später von seinen Glaubensbrüdern, von der Geschichte und in der Liste der Märtyrer Maximilian genannt werden sollte.

Nach den Worten des Glaubensanwaltes, der während des Heiligsprechungsverfahrens Gründe gegen die Heiligsprechung vorbringt, der auch *Advocatus Diaboli* genannt wird oder »Erlauchter Zensor«, womit jener römischen Höflichkeit Genüge getan wird, die als Maß aller Dinge den Radius der Kuppel des Petersdomes ansetzt, »glänzten seine Eltern als Vorbilder christlichen Lebens«, was aus seiner Feder ein rares Zeugnis war, selbst wenn es sich dabei nur um ein Zitat aus dem Bericht des Apostolischen Prokurators von

Warschau handelte, der mit der Voruntersuchung für das Verfahren beauftragt worden war.

Sie zeichneten sich vor allem durch die von ihnen ohne Bitterkeit ertragene Armut aus, ja sogar durch eine gewisse Dankbarkeit dafür, dass Armut geistiges Leben fördert. Dies war Maria Kolbes Einstellung und auch die ihres Mannes. Die Erinnerung an ihre Hochzeit hat keine Spuren in einem Familienalbum hinterlassen, denn sie konnten sich einen solchen Luxus nicht leisten.

Der Vater Julius war Weber. Er war groß, blond und gut, und das ist ungefähr alles, was wir von ihm wissen. Er sprach wenig und da er noch weniger schrieb, hinterließ er nichts, was es uns erlauben würde, mehr über seine betont bescheidene Person in Erfahrung zu bringen, die sich eine Zeit lang zu fernöstlichen Weisheiten hingezogen fühlte, deren Prinzipien der Selbstentäußerung und Selbstaufgabe seiner persönlichen Unaufdringlichkeit und Unauffälligkeit entgegenkamen. Zu Beginn des Ersten Weltkrieges verschwand er, ohne dass man sagen könnte, wie. Vielleicht wurde er von den Deutschen erschossen oder – da den Polen immer mehrere Möglichkeiten zum Sterben zur Wahl stehen – von den Russen gehängt. Die Dokumente hierüber sind nicht einhellig. Als polnischer Patriot kämpfte Julius Kolbe für ein vereinigtes Polen, wodurch er sich allen Pfählen und Galgen der Ausbeuter seines Landes aussetzte.

Von Maria, der Mutter Maximilians, der ihr zweitältester Sohn war, wissen wir mehr. Auf einer Fotografie ist sie als eine knapp vierzigjährige, in Schwarzlila gekleidete Frau abgebildet, mit einem flachen schwarzen Hut; das Kettchen an ihrem Mantel war ihr einziger Schmuck. Sie war schön, und zwar von jener Art Schönheit, die unauffällig die innere Einheit eines Menschen widerspiegelt und ihr widersprechende Gesichtszüge verhindert. Ihr Blick war nachdenklich, jedoch wohlwollend und freundlich, und die winzige Spur von

Skepsis, die man in ihm zu erkennen glaubte, dürfte sicherlich nur die Kamera des Fotografen betreffen, in die hineinzublicken sie vom ihm aufgefordert wurde. Ihre Nase war gerade und fein geschwungen. Auf ihren Lippen, die sich nur durch ihre natürlichen Konturen hervorhoben, erriet man eher, als dass man es sah, den Anflug eines Lächelns gleich dem eines Engels, den man nachts von fern vorbeischweben sieht und der eine Laterne schwenkt. In diesem Alter hatte Maria schon viel erduldet und sie würde noch mehr erleiden müssen. Blickte man jedoch in dieses Gesicht, aus dem der Glaube sprach und das bei aller Sanftmut eine beinahe unendliche Fähigkeit zum Ertragen von Unglück ausdrückte, dann begann man zu glauben, dass das Märtyrertum und die Heiligkeit des Sohnes schon mit der Mutter begonnen hatten.

Da sie Polin war, ist es fast unnötig zu sagen, dass sie auch mutig war; und weil sie in ihrem Leben sowohl als Arbeiterweberin, als Ladenfrau, als Hebamme und Familienmutter arbeitete, erübrigt es sich beinahe, hinzuzufügen, dass sie lebhaft und willig war. Sie war eine von Grund auf religiöse Frau. Schon als Kind betete sie zu Gott, er möge sie rechtzeitig sterben lassen, um ihr eine Heirat zu ersparen; oder sie träumte davon, ins Kloster zu gehen. Aber unter der russischen Besatzung gab es weder katholische Klöster noch gab es Klosterfrauen oder Mönche. Es blieb ihr nur übrig, zu heiraten, und so nahm sie Julius, der sanft war und den sie liebte. Beide fanden sich demütig mit der Armut ab. Es galt jedoch, wenigstens der schlimmsten Misere zu entgehen, woraus ein ziemlich verworrenes und unstetes Umherziehen entstand, das sie entsprechend ihren Gelegenheitsarbeiten oder Zusatzbeschäftigungen bis in die kleine Stadt Pabianice führte, die ebenfalls auf russischem Gebiet lag und zur letzten Etappe im Leben dieser Familie wurde.

Sie hatten fünf Söhne. Zwei starben sehr früh, doch mit derartigen Prüfungen, die immerhin ihr ganzes Leben lang andauerten, hielten sich die Biografen nicht auf. Die drei weiteren Söhne wollte Maria zu vollkommenen Menschen machen, und sie erzog sie in diesem Sinne, ohne zu scheitern.

Franz, der Älteste, wurde in eine Schule geschickt, so teuer dies auch war. Maximilian begann erst allein zu lernen, dann mithilfe eines Priesters. Er sprach so gut Latein, dass er eines Tages den Apotheker nach einem Medikament unter seiner wissenschaftlichen Bezeichnung fragen konnte. Dieser war über das große Wissen bei einem solch kleinen Burschen so erstaunt, dass er ihn zu unterrichten begann, bis auch er zur Schule geschickt werden konnte.

Die beiden Brüder fielen den Franziskanermönchen, die um Almosen bettelten und unauffällig vorbeizogen, auf. Sie schienen den Mönchen zum Lernen wie geschaffen und deshalb schlugen sie vor, sie in ihrem Kolleg in Lwow im österreichischen Teil Polens aufzunehmen, wo der Katholizismus noch offener als in der russischen Zone gelebt werden konnte. Die Familie nahm das Angebot dankbar an und der Vater brachte die beiden Jungen über die Grenze, wobei er die Grenzformalitäten umging. Er setzte sie dann in den ersten Zug nach Lwow und kehrte auf demselben Weg nach Hause zurück.

So blieb nur noch der drittjüngste Sohn, Josef, übrig, der – obschon zwölf Jahre alt – noch immer seine Mutter brauchte. Da er aber schon Neigungen zum Klosterleben zeigte, wurde angenommen, dass die Franziskaner auch ihn ebenso gern wie seine Brüder aufnehmen würden. So konnten Julius und Maria Kolbe am 9. Juli 1908 miteinander eine Art Abkommen schließen, womit sie sich gegenseitig erlaubten, ins Kloster zu gehen, nachdem sie sich nunmehr der Sorge um ihre Kinder mehr oder weniger entledigt sahen. Solche Abkommen kommen nicht häufig vor, sind aber in jenen Ländern gar nicht so selten, in denen der katholische Glaube in dem Maße an Intensität zunimmt, wie er an Ausdrucksfreiheit verliert.

Nachdem diese Vereinbarung getroffen war, überquerte Julius Kolbe noch einmal die Grenze, um nach Krakau zu den Franziskanern zu gehen. Da er für das Klosterleben nicht geeignet schien, entschloss er sich nach einem Jahr vergeblichen Ringens, als einfacher Terziar, einem dem Orden angehörender Laienbruder, bei den Franziskanern zu bleiben.

Auch Maria und Josef verließen Pabianice, um nach Lwow in das Kloster der Benediktinermönche zu gehen, wodurch sie näher bei den beiden älteren Söhnen waren. Josef wurde in Pension gegeben. Danach trat auch er in das Franziskanerkloster ein und seine Mutter wurde bei den Franziskanerinnen aufgenommen. Sie lebte bis zum Jahre 1946, und keiner aus ihrer Familie vergaß je, was sie ihr schuldeten. Somit gehörte die ganze Familie Kolbe dem heiligen Franziskus von Assisi.

Der kleine Josef wurde ein bescheidener und treuer Ordensmann, einer von jenen, die in unseren Gedanken nur gute Erinnerungen hinterlassen.

Franz hielt nicht durch. Nachdem er das Kloster verlassen hatte, um im Ersten Weltkrieg zu kämpfen, kehrte er nicht mehr dorthin zurück. Nachdem er auch noch im Zweiten Weltkrieg Gelegenheit gehabt hatte, seine Liebe zu Polen zu beweisen, das wieder einmal von Feinden überrannt wurde, geriet er in Gefangenschaft und wurde in einem Konzentrationslager der Nazis interniert, wo er umkam.

Der Vater, die zwei Ältesten: Die Geschichte der Kolbes kann man von einem Grabstein ablesen; eine Zeile gedenkt der beiden kleinen Kinder, die wahrscheinlich der Armut nicht standhalten konnten.

Die Erscheinung

Über die Kindheit Maximilians gibt es anscheinend widersprüchliche Augenzeugenberichte. Für die einen, so auch für seine Mutter, war er ein ausgelassenes, eigensinniges und unabhängiges Kind, kurzum ein schwieriger Knabe. Für die anderen galt er als das Vorbild eines kleinen Jungen, als einer von denen, die man in anderen Familien als Beispiel darstellt.

Doch sind dies nur scheinbare Widersprüchlichkeiten, denn die Aussagen unterscheiden sich nur insofern, ob sie vor oder nach einem einzigartigen Vorkommnis gemacht wurden, einem Ereignis, um das sich die Biografen normalerweise am liebsten drücken würden, während der *Advocatus Diaboli* sich auf seinem Richtersitz zusehends verkrampft.

Bei einem solcherart beunruhigenden Vorkommnis, das geeignet ist, die Demütigen anzuziehen und die Wissenschaftler zu verjagen, handelt es sich um eine Erscheinung, eine Vision.

Derartige Dinge werden nicht gern gesehen, selbst religiöse Schriftsteller erwähnen sie nur mit Bedauern und mit unendlicher Vorsicht, sollten sie es nicht vorziehen, sie ganz zu verschweigen. Andere beeilen sich, sie als Naturerscheinungen zu erklären, zum Beispiel mithilfe des Doktor Freud und der Neuropsychiatrie. Die Subtilsten unter ihnen werden von dem momentanen Auftauchen eines irrationalen und schillernden Elementes bei der Person, der die Erscheinung widerfährt, sprechen, das wie ein lange von der trägen Vegetation auf dem Meeresgrund verborgenes Wrack unversehens wieder auftaucht. Die am wenigsten freundlich Gesinnten schreiben die Visionen oder Erscheinungen der Hysterie, der Paranoia, der einfachen Halluzination oder der Zwangsneurose zu, wobei aber die Integrität des Subjekts von all diesen Diagnosen angezweifelt wird.

Die großen Mystiker zeichnen sich jedoch alle durch ihr psychisches Gleichgewicht aus sowie sehr oft durch ihren äußerst praktischen Sinn. Es ist unmöglich, auf Böswilligkeit oder eine feindliche Einstellung besser und stichhaltiger als Johanna von Orléans zu antworten, denn wenn es in ihrem Prozess zur Hysterie kam, so war diese aufseiten ihrer Richter, indem Letztere mit dem gründlichen Eigensinn, der eine fixe Idee zu begleiten pflegt, der Unschuld einen Scheiterhaufen errichteten. Nachdem sie ihre wunderbare Geschichte erzählt hatte, beendete Bernadette ihr Leben im Kloster, ganz versunken in ihre christlichen Gedanken und Gebete, die aus Stille und Liebe bestanden. Teresa von Ávila, die mit Jesus Christus Zwiesprache hielt, hat deshalb die Klöster nicht weniger nüchtern und seriös wie ein guter Immobilienmakler verwaltet. Ratisbonne, der Ungläubige, der an einem Tag des Jahres 1842 die Jungfrau Maria in einer Kirche Roms erblickte und in diesem einzigen Augenblick von der christlichen Religion überzeugt wurde, von der er praktisch nichts wusste, und der vom Juden zum Katholiken konvertierte, gründete einen Orden und verbrachte sein restliches Leben ohne weitere Offenbarungen. Konnte er also ein Mann gewesen sein, der unter Sinnestäuschungen litt? Es gibt keine Lehr-Halluzinationen. Kolbe war nie überspannt – es sei denn, die Extravaganz eines Christen besteht in der Befolgung des Evangeliums. Nie war er mehr Realist, als wenn man ihn von Chimären heimgesucht wähnte. Es erwies sich lediglich, dass seine Realität, die den Himmel und die Erde umfasste, weiter gespannt war als die unsrige.

Seine Mutter – die einzige Person, der er sich anvertraute – wusste nicht mehr genau, in welchem Alter ihr Sohn eine Erscheinung gehabt hatte. Sie sagte, es sei wohl um die Zeit seiner Erstkommunion gewesen, welche die Kinder in Polen etwa im Alter von neun Jahren feiern. Sie hat die Episode einige Monate nach dem Tod Maximilians erzählt.

Der ungestüme und ungehorsame Junge, zu dem sie eines Tages, als sie seiner müde war, sagte: »Mein Kind, was soll aus dir nur werden?«, hatte sich plötzlich bis zur Unkenntnis verändert. Ernst und gesammelt überraschte man ihn oft, wie er vor dem kleinen Hausaltar der Jungfrau Maria kniete, die über alle polnischen Familien herrscht. Maximilian war weicher geworden, so sehr, als hätte er seinen bisherigen Charakter ganz besiegt. Aber er weinte auch sehr viel, sodass seine Mutter, die über diese Metamorphose zuerst aufs Höchste verwundert war, ihn schließlich krank glaubte. Nur weil sie darauf beharrte, erfuhr sie schließlich von ihrem Kind, was für lange Zeit nur sie allein wissen sollte:

»Zitternd vor Erregung und mit Tränen in den Augen«, so sagte sie, »erzählte er mir: Als du ausriefst: ›Was soll aus dir nur werden?‹, hatte ich inständig zur Madonna gebetet, sie solle mir sagen, was aus mir werden wird. In der Kirche flehte ich ebenfalls zu ihr, und da erschien sie mir und hielt zwei Kronen, eine weiße und eine rote, in den Händen. Die weiße Krone sollte bedeuten, dass ich keusch bleiben werde, die rote, dass ich ein Märtyrer würde. Sie fragte mich, ob ich sie haben wolle. Und ich antwortete ihr: ›Ja, ich will sie.‹ Daraufhin hat mich die Madonna mit Milde angesehen und verschwand wieder.«

Während der ganzen Dauer des Heiligsprechungsverfahrens wird der *Advocatus Diaboli* gemäß (dem ihm auferlegten) heiligen Misstrauen von der »mutmaßlichen« oder der

»angeblichen« Erscheinung sprechen. Die Kirche betrachtet und erwägt mystische Erfahrungen mit Vorsicht, und um an sie zu glauben, lässt sie sich Zeit, denn für solche außerordentlichen Phänomene gibt es keine Zeugen. Der *Advocatus Diaboli*, der Kolbe nicht mehr vorladen und erst recht die Jungfrau Maria nicht vor Gericht zitieren konnte, verhält sich aus Vorsicht und aus Notwendigkeit stets äußerst zurückhaltend.

Wenn jedoch die Vision des kleinen Kolbe unter die außerordentlichen Ereignisse einzuordnen ist, so ist es der weitere Verlauf seiner Geschichte noch mehr, die uns Gelegenheit geben wird, zu verfolgen, wie ein im Dunkel einer Kirche gegebenes göttliches Versprechen sehr viel später im hellen Licht der Geschichte und fast wie zufällig eingehalten wird. Solche unwillkürlichen Zusammentreffen eines Zeichens des Himmels mit der Freiheit des Menschen sind für jeden Biografen ein Genuss.

Diese beiden Kronen, die ihm in der kleinen polnischen Kirche angeboten wurden, wird Kolbe von der größeren Kirche der Christenheit eines Tages offiziell verliehen bekommen.

Es sollte nicht lange dauern, bis sein Ende im Lager von Auschwitz die Aufmerksamkeit der Kirche auf sich zog, die durch die Verehrung der Menschen noch genährt wurde. Bald schon ging es darum, ihn zum »Heiligen« zu erklären, was in zwei Etappen geschieht, nämlich zum einen durch die Seligsprechung, die den Kult auf die Diözese des Seligen beschränkt, und zum anderen durch die eigentliche Heiligsprechung, die dann diese Verehrung auf die ganze katholische Kirche ausdehnt. Dabei handelt es sich um zwei scharf voneinander getrennte Verfahren, die einige Jahre, manchmal auch mehrere Jahrhunderte auseinanderliegen können. Johanna von Orléans, schon kurz nach ihrem Tod seliggesprochen, wurde erst im Jahre 1925 heiliggesprochen.

Es scheint, dass sie in der dazwischenliegenden Zeit keinen Bürgen finden konnte, der ihre Sache bei denen, die ihr das Vaterland verdankten, verfechten und durchsetzen konnte.

Nach der vorschriftsmäßigen Untersuchung seiner Tugenden, seiner Verdienste und seiner Gesinnung wurde Kolbe von Paul VI. als »Bekenner des Glaubens« seliggesprochen, sechs Jahre, ehe Johannes Paul II. ihn in den Rang der Märtyrer erhob. In der Liste der Heiligen gibt es keinen einzigen Präzedenzfall für die Umstufung von einer Kategorie in die andere während der zwei Abschnitte einer Heiligsprechung. Hier haben wir also unsere beiden Kronen, denn die Verkündigung eines »Bekenners des Glaubens« wird in weißen liturgischen Gewändern gefeiert, die eines Märtyrers in roten.

Jene Tränen des kleinen Maximilian, die er vergoss, als er von der ihm erwiesenen Gnade berichtete, so wie man eine Schuld bekennt, waren die eines Kindes, dem man ein Geheimnis entreißt, eines Kindes, das seine Gefühle nicht beherrschen kann und das beim Erzählen selbst merkt, dass sein Bericht unglaubhaft klingt.

Eine mystische Erfahrung bringt Überraschung, Freude und Widerspruch mit sich. Die Überraschung besteht darin, plötzlich auf eine unerwartete, aber entscheidende Realität gestoßen zu sein, auf die letzte Realität, vor der alle Fragen verstummen, weil sie in sich selbst die Antwort ist, während die Welt nur noch das ist, was sie ist, nämlich eine schöne und sachkundige Architektur aus Atomen, jedoch von fraglicher Zuverlässigkeit. Eine authentische Erscheinung ist keine Halluzination, sie überlagert keine Kulisse, ist nicht wie ein auf einer Mauer klebendes Plakat, sondern sie lässt die Mauer zerbersten. Da sie jedoch nichts Brutales oder Erschreckendes an sich hat, öffnet sie vielmehr die Kulisse gleich einem leichten Vorhang, den man zur Seite schiebt. Sanft setzt sie sich durch, für immer wird sie die einzige Gewissheit sein, und für den, der aus dem Glaubensakt wiederersteht, alles bedeuten.

Die Freude, die eine mystische Erfahrung begleitet, ist unfassbar. Weder der Körper noch das Herz, noch die Intelligenz können sie je fassen. Sie übersteigt deren Grenzen in einem solchen Maße, bis sie zugunsten jener reinen Empfindung des Unendlichen selbst aufgehoben wird, die die Geistlichkeit seit der Zeit, da sie göttliche Dinge beim Namen zu nennen versucht, die Seele nennt.

Und hier beginnen die Widersprüchlichkeiten. Diese große, gänzlich unverdiente Freude ist so stark, so sehr außerhalb der Proportion jeglicher Erwartungen, dass derjenige, der von ihr erfasst wird, das Gefühl hat, dass sie ihm nicht gehöre. Er bewahrt sie wie ein Geheimnis, nicht um sie vor anderen zu verbergen, sondern weil er meint, nicht das Recht zu haben, über sie verfügen zu dürfen. Da er sich nicht vorstellen kann, dass diese Freude nur für ihn allein bestimmt ist, wünscht er gleichzeitig nichts mehr, als sie zu teilen, obwohl er weiß, dass sie nicht mitteilbar ist, und er im Voraus ahnt, dass man ihm nicht glauben wird. Hieraus rührt auch die zögernde Disposition des Mystikers als des einfachen Empfängers der Gnade, die ihm zuteilgeworden ist, dass er befürchtet, das ihm erwiesene Vertrauen zu missbrauchen oder aber durch einen Bericht die Schönheit seiner Vision zu verraten, indem er nichts erzählt. Mit einem Fuß im Himmel, dem anderen auf der Erde, verbringt er somit sein ganzes Leben wie ein Hinkender auf der Suche nach Gott, ohne sich jemals umzudrehen. Weil er weder vermitteln noch überzeugen, noch mitreißen kann, leidet er und wird, wenn schon nicht aus Bewunderung oder – mehr noch – aus Dankbarkeit, wegen seiner Ohnmacht zur Demut zurückgeführt.

Der Ärger mit denjenigen, die Erscheinungen abstrakt und akademisch abhandeln, rührt daher, dass diese nie selbst welche erfahren haben. Sie sind wie Blinde, die Farben leugnen. Diejenigen aber, die solche Erfahrungen haben, kennen ihre Auswirkungen gut. Es handelt sich vor allem um eine sanfte Revolution, die alle Charakterzüge einer Persönlichkeit umkehrt, ohne ihre Konstitution zu verändern: Der heftige Mensch wird im gleichen Maße friedfertig; aus dem Skeptiker wird ein Enthusiast, und zwar mit denselben Mitteln, die er jetzt kritisch gegen das einsetzt, was er am Tage zuvor noch verehrte. Der Stolze wird bescheiden und findet zu jener Art definitiver Bescheidenheit, die nicht aus der Furcht vor der Allmacht Gottes stammt, sondern aus der Erkenntnis seiner unfassbaren Großmut. So änderte Paulus von Tarsus nach der Episode auf dem Weg nach Damaskus, auf dem ihm plötzlich das Licht Christi erschien, seinen Sinn – wie Energien, die ihre Pole vertauschten, ohne dass sich dadurch ihre Beschaffenheit veränderte. Mit ihrem gewöhnlichen Geschmack für das Seichte spricht die rationalistische Kritik hier von einem »Sonnenstich«, doch dürfte es wohl unwahrscheinlich sein, dass ein Hitzschlag jemanden von einem Glauben, von dem er bisher nichts wusste, überzeugen könnte, es sei denn, er störte dessen eigene Überzeugung. Aber die rationalistische Kritik hat ihre eigenen Wunder, wie die Religion die ihrigen hat. So wird also der kleine Kolbe nach der Erscheinung in seinem neunten Lebensjahr bei seiner Mutter den Eindruck erwecken, völlig verändert zu sein, was er aber gar nicht war. Nur waren jetzt seine jungen Kräfte, die sich bisher in seiner Ausgelassenheit vergeudeten, plötzlich in Gebet und Nächstenliebe eingebunden.

Ein anderer Effekt der mystischen Erfahrung – ich spreche hier weder von den »Falschmünzern« der Mystik, die sich in Sekten niederlassen, noch von den Halluzinanten, die aus ihren Erscheinungen nichts lernen, sondern von den echten Mystikern – ist die Abschaffung der Grenzen der Intelligenz, welche, wenn ich so sagen darf, ohne »Reisepass« zwischen unserer sichtbaren Welt und dem unendlichen unsichtbaren Bereich zirkuliert, für den sie im höchsten Grade konkret ist, nämlich den Bereich der Glaubenswahrnehmungen. Während seines ganzen Lebens wird Kolbe die christlichen Mysterien nicht nur in seine Erfahrung der Welt, sondern auch in sein tägliches Leben mit einbeziehen, sogar in seine Verwaltungsaufgaben. Dies geschah zum nicht geringen Erstaunen der Ordensbrüder seiner Umgebung, ja selbst zum größten Erstaunen seines jüngeren Bruders, der von der offensichtlichen Sorglosigkeit des Älteren verblüfft ist, es der Jungfrau Maria zu überlassen, Rechnungen ins Reine zu bringen. Man kann Kolbe nicht verstehen, wenn man ihn nicht im Kontext mit seiner Vision sieht, die seine ganze Existenz erhellt und die aus ihm einen jener seltenen Menschen macht, für die alles möglich ist, ja sogar das Unmögliche möglich wird; einen Menschen, den nichts und niemand aufhält, selbst jene nicht, die – wie wir später sehen werden – sie gefangen nehmen.

Unschlüssigkeit

Die Franziskaner, von denen es drei Zweige gibt – die Bartträger oder Kapuzinermönche, die Braunen oder Minoriten und die Schwarzen oder Konventualen –, sind alle Söhne des heiligen Franz von Assisi, einer Abstammung, die ebenso schwer zu würdigen ist wie vielleicht Shakespeares Herkunft für die Literaten. Der »kleine Arme von Assisi« war ein kraftvolles Genie. Oft wurde von ihm gesagt, er sei das perfekte Ebenbild Christi gewesen, und diese Ähnlichkeit wurde von der von ihm am Ende seines Lebens erfahrenen Stigmatisation gleich einer göttlichen Signatur noch akzentuiert. Ich selbst stelle ihn mir eher als einen kleinen Bruder im biblischen Sinne vor, als einen nahen Verwandten der Heiligen Familie, ein wenig wunderlich, abenteuerlustig, aber treu, hingerissen von seinem großen Vorbild und entschlossen zu beweisen, dass dessen Evangelium bis zu den scheinbar närrischsten Konsequenzen und Anforderungen gelebt werden konnte. Dieser Sohn aus dem Kaufmannsbürgertum des 13. Jahrhunderts lebte, nachdem er von der göttlichen Gnade erfüllt worden war, das Gleichnis der Lilien auf dem Felde, indem er in der Umgebung seiner Geburtsstadt bettelnd umherzog, gekleidet in Lumpen. Er predigte den Vögeln und den Fischen oder besang seine Schwester, das Wasser, und seinen Bruder, den Wolf, in seinem »Sonnengesang«, was aus ihm den Vater der Ökologen gemacht hätte, würden Umweltschützer zur Messe gehen. Es ist bemerkenswert, dass die bezaubernde Stadt Assisi, deren schöne Reste von der Sonne Umbriens beschienen werden, seit Jahrhunderten dank der finanziellen Einkünfte überdauert hat, die sie aus dem Ruf und dem Ansehen ihres Vorort-Clochards gewinnt, nachdem die Stadt erst durch die Konkurrenz zwischen Flandern und Venetien nach und nach ruiniert worden war.

Zwischen Franz von Assisi und Maximilian Kolbe besteht mehr als nur ein gemeinsamer Nenner. Für beide war ein Wunder der Ausgangspunkt: Christus, der Franz befiehlt, seine Kirche wieder aufzurichten, und die Erscheinung Marias mit den zwei Kronen bei Kolbe. Beide haben sie den Sinn für das Absolute gemeinsam, beide sind sie ohne Kompromissbereitschaft, ohne Vorbehalte, ohne Umkehr, was für diejenigen, die dieser Entfaltung zusehen, einigermaßen verunsichernd gewesen sein muss. Beiden gemeinsam ist dieselbe schöpferische Fantasie, welche für die Jugend so faszinierend und für Leute gesetzten Alters so beunruhigend ist und der man bis in den »Serafischen Orden« des heiligen Franz hinein begegnet, wo die Serafim – wie wir es im Heiligsprechungsverfahren noch sehen werden – manchmal die Tendenz haben, sich ihrer Flügel als eines Sessels zu bedienen. Beide haben gemeinsam die Neigung zur Armut, worunter sie die zügigste Möglichkeit ihrer Auslieferung an die Großzügigkeit Gottes verstehen. Beide verbindet eine ritterliche Einstellung zum Menschen, wie man sie übrigens ebenso intakt, aber ebenso unverstanden bei Johannes Paul II. wiederfindet. Schließlich sind beide auch von derselben Herausforderung an die Welt ihrer Zeit geprägt. Und diese Herausforderung ist Gegenstand und Thema dieses Buches.

Bei den Franziskanern in Lwow war Maximilian nicht nur ein sehr guter Schüler, sondern er zeichnete sich in allem, auch in der Kameradschaft, aus. Er verfügte vor allem über eine hervorragende Begabung für Mathematik, Physik und die Naturwissenschaften im Allgemeinen. Er war ein charmanter Junge mit einem hübschen Gesicht, immer bereit, seinen kleinen Kameraden mit dem Eifer eines dienstfertigen Herzens und der Leichtigkeit des Menschen, für den Probleme keine Probleme sind, zu helfen. Er betete viel, meist immer in der ersten Reihe in der Kapelle, nicht um seine Frömmigkeit zur Schau zu stellen, sondern um durch das Kommen und Gehen nicht abgelenkt zu werden. Er war fröhlich und leicht begeisterungsfähig, aber ebenso leicht stiegen ihm die Tränen in die Augen, besonders dann, wenn man sich über seinen deutsch klingenden Namen lustig machte, als zöge man seine wahre Eigenschaft als Pole in Zweifel. Seine Mitschüler waren über seinen erfinderischen Verstand erstaunt. Es ist von ihm der Entwurf einer interplanetaren Maschine erhalten, die ihn auf dem Mond absetzen sollte, eine Erfindung, die vielleicht funktioniert hätte, wenn ihr Autor noch Zeit gehabt hätte, den Treibstoff für sie zu erfinden.

Fünfzig Jahre später haben einige seiner Lehrer während des Prozesses aussagen können. Die einen fanden Maximilian nett und liebenswürdig, mehr hatten sie nicht über ihn zu sagen. Andere erinnerten sich an einen Schüler, der alles wissen wollte und sie bis in die Wandelgänge des Kollegs mit seinen Fragen verfolgte. Aber alle erinnerten sich an seine extreme Empfindsamkeit und Sensibilität, welche ihn in eine jener Krisen aus Skrupeln und Gewissenhaftigkeit stürzten, die Ausdruck einer nervösen Depression sein können und ihm seine Unzulänglichkeiten wie die unerträglichen Mängel eines vom ewigen Leben Ausgeschlossenen erscheinen ließen. In jenen Zeiten genas man von einer solchen Krankheit mithilfe eines »Beichtvaters«, dessen ganze Behandlung des Schülers darin bestand, ihn davon abzubringen, sich zum Richter seiner selbst aufzuspielen. Nachdem er von dieser Krankheit, der eigentlich nur eine Kur der Bescheidenheit nottat, kuriert war, sollte Maximilian von derartigen Heimsuchungen geheilt sein und dank seiner ihm angeborenen Fröhlichkeit jenes charakteristische Merkmal seiner jungen Persönlichkeit wiederfinden, das niemand – weder seine Kameraden noch seine Lehrer – je wieder vergessen konnte: Sein sehr sanftes Lächeln, das wie der erste Schimmer der Morgenröte eines dem Licht zugewandten Lebens war, das so früh von der Nacht verschlungen werden sollte.

Seine Kameraden hielten ihn für eine einmalige wissenschaftliche Laufbahn bestimmt, und einer seiner Lehrer – obwohl dem Franziskanerorden tief und treu verbunden – ging sogar so weit zu bedauern, dass derart hervorragende Veranlagungen zur Mathematik eines Tages nur dazu dienen sollten, die Säulen eines Klosterhofes zu zählen.

Aber Maximilian selbst wollte Soldat werden. Sterben für das Vaterland ist eine fixe Idee, die sich dann umso mehr manifestiert, wenn man kein Vaterland hat. Kein Vaterland, keine Heimat zu haben bedeutet, unter der Vorherrschaft dreier Großmächte, mit denen man nichts gemein hat, es sei denn mit Österreich die Religion, gefangen zu sein. Aber auch der polnische Katholizismus, der sowohl von Rom wie von Byzanz stammt, ist vom österreichischen Katholizismus, einem Relikt des Heiligen Römischen Reiches Deutscher Nation, sehr verschieden. Polen ist ein Land, das keinem seiner Nachbarstaaten ähnlich ist, selbst dann nicht, wenn es dessen Ursprünge oder geografische Wesenszüge teilt. Was bei einem Russen so leicht in Resignation umschlägt, offenbart sich bei einem Polen in Auflehnung und Empörung. Der Nationalismus, der den Preußen in seiner Disziplin bestärkt, akzentuiert hingegen den Individualismus des Polen, der sich gehalten fühlt, falls nötig auch nur sich selbst gegenüber, die Persönlichkeit seines verleugneten und unterdrückten Vaterlandes geltend zu machen. Seine Geschichte zeichnet sich durch Nostalgie und Aufstände aus, wie bei Chopin jener Schauer sentimentaler und gleich einem Regenbogen schillernder Noten, vor denen sich von Zeit zu Zeit der Vorhang hebt, um einem Sturm den Weg freizugeben. Kein anderes Land ist tief gehender christianisiert worden als Polen. In ihm strömt das Taufwasser wie ein Fluss, der seine ganze Kultur fruchtbar macht; doch ist sein Christentum wie ein Adelsprädikat des Menschen verstanden und angenommen worden, woraus auch gut verständlich wird, weshalb Papst Johannes Pauls II. ritterliche Vorstellung von Humanität von den Kleinbürgern westlicher Denkart so schief angesehen wird, die seit Langem das Geniale aus dem Christentum liquidiert haben.

Die ganze Familie Kolbe war patriotisch eingestellt. Wie hätte Maximilian es also nicht sein können? Sein Schachbrett – er liebte das Schachspiel – war sein Manövergelände. Er führte Militärkampagnen mit seinen Bauern aus Holz, entwarf Verteidigungspläne, die Lwow uneinnehmbar gemacht hätten, wäre es nicht schon eingenommen gewesen. Die nachdrückliche Klage seines zerstückelten Vaterlandes konnte sein junges Herz nicht gleichgültig lassen.

Aber auch hier wieder runzelt der *Advocatus Diaboli* nur die Stirn, denn die Kirche zählt den Patriotismus nicht zu den Tugenden, aus denen die Heiligkeit hervorgeht, vielmehr verzögerte er die Heiligsprechung von Pater Charles de Foucauld trotz des Überflusses seiner geistigen Ernte und der beeindruckenden Zahl derer, die ihm nachfolgten. War er der Heilige der Wüste, dessen Bekehrung und Geistigkeit man bewunderte, oder war er zum Teil nur ein überzähliger Agent der französischen Oberherrschaft in Afrika? Wurde er ausschließlich seines Glaubens wegen getötet oder nur wegen seines Vaterlandes? Die Kirche, welche die Mystiker beobachten lässt, stellt ihnen ohne Weiteres auch Militärs – heldenhafte oder unheroische, aktive oder solche der Reserve – zur Seite. Der *Advocatus Diaboli* fragt sich, ob die rote Krone aus der »mutmaßlichen Erscheinung« (er bleibt unerschütterlich bei der »hypothetischen« Erscheinung) für den kleinen Kolbe nicht einfach nur eine Replik jener Krone war, welche die Römer den Verteidigern ihrer belagerten Städte zu verleihen pflegten.

Auch der junge Kolbe musste es sich gefragt haben. Im Alter von sechzehn Jahren erschien ihm eine militärische Laufbahn weitaus naheliegender als das geistliche Gewand, um seinem Land zu dienen, was er von seinem Glauben nicht zu unterscheiden wusste. Sein Problem bestand lediglich darin, eine Armee zu finden, die weder russisch, österreichisch noch deutsch war, sondern polnisch. Aber von solchen Schwierigkeiten lässt sich die Jugend nicht aufhalten. Auf alle Fälle war er derart davon überzeugt, dass ihn sein Weg *nicht* zum Kloster führen werde, dass er auch seinen älteren Bruder dazu bringen konnte, darauf zu verzichten. Letzterer war gewissermaßen die erste Person, die er für seine zukünftige Armee rekrutieren konnte. Als ihm dann die guten Franziskanerpatres den Eintritt ins Noviziat anboten, das zum Priestertum führt, erbat er sich von seinem Vorgesetzten eine Aussprache, um sich selbst wie seinen Bruder für befangen zu erklären. Aber genau an diesem Tage besuchte seine Mutter das Kolleg, um ihren Kindern mitzuteilen, dass sie selbst bei den Benediktinerinnen eintreten werde und ihr Mann bei den Franziskanern. Was danach geschah, hat Kolbe viel später seiner Mutter in einem Brief erzählt, zu einem Zeitpunkt, als sein älterer Bruder den Orden bereits wieder verlassen hatte:

»Vor dem Eintritt ins Noviziat war eigentlich ich es, der nicht Mönch werden wollte und der auch meinen Bruder davon abbrachte … Aber dann geschah etwas Unvergessliches: Solange wir darauf warteten, beim Provinzial vorgelassen zu werden, um ihm mitzuteilen, dass weder ich noch Franz in den Orden eintreten wollten, hörte ich die Glocke, die mich ins Besuchszimmer rief. Du warst es, Mama, die mir in diesem kritischen Augenblick von der Vorsehung geschickt wurde … Seitdem sind neun Jahre vergangen und ich denke an dieses Vorkommnis noch heute mit Sorge, aber auch mit Dankbarkeit gegenüber der Jungfrau Maria als der Mittlerin göttlicher Barmherzigkeit. Was wäre geschehen, wenn sie mir in jenem Augenblick nicht ihre Hand gereicht hätte?«

Die Audienz beim Ordensprovinzial fand statt, nur dass dieser von seinen Schülern nicht hören musste, dass sie nicht Mönche werden wollten, sondern dass diese ihn stattdessen darum ersuchten, es werden zu dürfen. Wie ich schon früher erwähnt habe, hielt der Ältere nicht durch. Für Maximilian jedoch war das rechtzeitige Läuten der Glocke, die ihn brüsk die Marschrichtung ändern ließ, das Zeichen für den Aufbruch auf seinen Weg; der Rest seines Lebens ist wie ein Pfeil, der seiner Bestimmung zufliegt.

Zwei Briefe

Zur Fortsetzung ihres Studiums wurden die guten Schüler nach Rom geschickt, wo sie an der berühmten *Gregoriana* in Philosophie unterrichtet und im internationalen Franziskanerkolleg zu Theologen ausgebildet wurden. Im Jahre 1912 wurde Maximilian, der in seinen Fächern auch weiterhin brillierte, für die *Gregoriana* bestimmt, doch weigerte er sich zuerst, abzureisen. Er war achtzehn Jahre alt und hatte Angst vor Rom, das man ihm als eine Stadt des Verderbens, die von den auf der Lauer liegenden Frauen bevölkert sei, die an den Straßenecken die jungen Seminaristen bedrängten, geschildert hatte. Er hielt an seiner weißen Krone fest. Da er bereits seine zeitlichen Ordensgelübde abgelegt hatte, fügte er sich schließlich dem Gehorsam und akzeptierte. In einem aus Krakau geschriebenen Brief unterrichtete er seine Mutter über seine bevorstehende Abreise. In Krakau hatte er mit seinem Vater, den er übrigens nie wiedergesehen hat, die beiden freien Tage verbracht, die ihm die guten Patres vor seiner gefährlichen Expedition gestattet hatten. So rief er denn seine »sehr geliebte Mutter« zu Hilfe:

»Ich bitte Dich um ein besonderes Gebet, das Einzige, das mir noch nottut, da Du ja ohnehin an alles Übrige wie die beste aller Mütter denkst. Dort unten gibt es die verschiedensten Gefahren. So habe ich zum Beispiel sagen hören, dass die Römerinnen sogar die Geistlichen provozieren, und trotzdem müsste ich täglich den Weg zur Universität hin- und zurücklegen. Außerdem bitte ich Dich, liebe Mutter, dass Du Beppino ausrichtest (dies war sein jüngster Bruder), er solle bei der heiligen Kommunion an mich denken und zum heiligen Antonius für mich beten, auch wenn es nur ein kurzes Gebet ist.

Er schrieb mir, dass dieser Heilige ihn noch nie im Stich gelassen habe. Er soll ihn auch in meiner Sache anflehen, und der heilige Antonius wird mich dann beschützen.«

Die Bahnreise nach Rom dauerte zwei Tage und zwei Nächte. Der junge Reisende bewunderte die Vielfalt der Landschaften, die er auf der kurvenreichen und komplizierten Reiseroute von seinem Kurswagen aus erlebte. Er beschrieb sie in seinen Briefen an die Mutter jedoch nicht. Die äußere Welt war notwendigerweise schön und gut, denn (ich zitiere hier einen seiner bezaubernden Sätze aus einem seiner Tagebücher) »alles auf der Welt ist ein kleiner Abglanz, ein winziger Strahl der göttlichen Vollkommenheit«. Aber zusammen bildeten all die vielen kleinen Strahlen eine Sonne, die bereits seine Meditation durchströmte und sein geistiges Leben wachsen ließ. Die Natur war eine Fundgrube geistlicher Argumente, und Kolbe war bereits im Alter von achtzehn Jahren dabei, sie zu ergründen.

Er fürchtete sich nicht nur vor den Römerinnen, er erwartete auch das Schlimmste vonseiten der Römer, die sich seit der Proklamation des Königreichs Italien von der päpstlichen Vormundschaft emanzipiert hatten und in denen schon immer ein aggressiver Antiklerikalismus geschlummert hatte, der in Polen undenkbar gewesen wäre. In der Tat bestand in Italien wie in all jenen Ländern, die lange von der Kirche beherrscht worden waren – mag diese Herrschaft in den meisten Fällen auch noch so sanft gewesen sein –, eine althergebrachte antiklerikale Tendenz, deren Spuren sogar noch heute in der italienischen Filmproduktion zu finden sind, die Geistliche immer noch karikiert. Aber selbst wenn dieser Antiklerikalismus den Spott und die Sticheleien übertrieb, so gebrauchte er doch keine Gewalt, und nach drei oder vier Wochen des Hin- und Herpendelns zwischen der *Internationalen Universität Gregoriana* und dem sogenannten *Collegio Serafico* hatte sich Maximilian wieder beruhigt. Er begegnete weder Messalinen[1] noch Priesterfressern:

»Liebste Mama,

ich habe Deinen Brief erst heute erhalten, denn bei uns wird die Post nur am Donnerstag, unserem freien Tag, oder am Sonntag verteilt. Ich hatte aber zufällig erfahren, dass schon am Montag ein Brief von Dir eingetroffen ist. Die Lage hier ist nicht ganz so schlimm, wie ich befürchtet hatte. Die Italiener haben wirklich anderes zu tun als uns zu behelligen. Außerdem gehen wir meistens nur zu dritt oder viert aus, und jemand, der vorhaben sollte, sich mit uns anzulegen, sollte es sich wohl zweimal überlegen.«

Er berichtete seiner Mutter von dem Spaziergang, den er soeben mit seinen Kameraden gemacht hatte, der ihn von Kirche zu Kirche bis zum Kolosseum führte, dessen Boden »vom Blut der Märtyrer durchtränkt ist, weshalb ein Papst, um einer profanen Entheiligung vorzubeugen, angeordnet hatte, den Boden mit viereinhalb Metern Erde zu überdecken«. Die Bahn des heutigen Märtyrers hatte einen Moment lang den riesigen Kessel der grausamen Spiele des Heidentums gestreift. Noch konnte niemand ahnen, dass das Heidentum in Europa – zwar mit weniger Talent, aber mit umso frenetischer Ausrottungswut – wiedererstehen würde.

Die Hagiografen, welche die Lebensgeschichte von Heiligen schreiben, kamen einst überein, dass sich die Heiligkeit schon an der Wiege erkennen lässt durch die Art und Weise, wie ein Säugling die Brust seiner Ernährerin sittsam ablehnt

---

[1] Valeria Messalina, Frau des römischen Kaisers Claudius, war in Rom für ihren unsittlichen Lebenswandel bekannt.

oder aber eine Babyklapper nur annimmt, wenn sie die Form eines Heiligenscheines hat. Seit dem Fortschritt der Psychologie und anderer inexakter Wissenschaften neigt man dazu, eher das Gegenteil anzunehmen, also zu glauben, dass die Heiligkeit mit dem Alter, mit dem Kampf und mit zäher Suche, ja sogar angstbesetzter Suche nach Perfektion einhergeht, vorausgesetzt übrigens, es gibt eine Perfektion und nicht nur eine krankhafte Zwangsvorstellung vom Guten. Einer der Zeugen im Heiligsprechungsverfahren, welcher der Sache übrigens keineswegs schaden wollte, wird von einer »fixen Idee« sprechen, und diese Formel wurde vom *Advocatus Diaboli* im Laufe seiner Ermittlungen mit Besorgnis unterstrichen, betraf diese Aussage doch Kolbes Ergebenheit gegenüber der Jungfrau Maria. Dieser Ausspruch konnte aber ebenso gut seine Hartnäckigkeit beschreiben, mit der er ein einmal gestecktes Ziel verfolgte, das er eines Tages in seiner Jugend kurz und bündig wie folgt präzisierte: »Ich will der größtmögliche Heilige werden.«

Ein Heiliger zu sein oder zu werden, war für ihn das Wenigste, was man Gott als Gegenleistung für seine Gnadenbeweise schuldet, insbesondere für die Gnade, Priester zu sein. Dies ist ein Anerkenntnis der Schuld einer Seele, die sich ihres Defizites bewusst ist und die, wohl wissend, dass sie diese Schuld nie würde abtragen können, eine Art Überweisung ihrer selbst auf das Konto der göttlichen Barmherzigkeit vornimmt. Es ist eine Tatsache, dass Kolbe schon im Alter von achtzehn Jahren nicht mehr sich selbst gehörte.

Denn er hatte sich völlig und mit Haut und Haar Gott verschrieben. Mit der Gründlichkeit eines Stabschefs organisierte er sich selbst und seine Kräfte mit dem Blick auf Perfektion. In Reih und Glied sind in seinen Tagebüchern die entsprechenden Paragrafen wie in einem Handbuch eines Soldaten ausgerichtet. Aber der junge Mann, der Soldat werden wollte, wird stattdessen seinen Wehrdienst in der Armee des geistlichen Lebens ableisten. Die ersten Worte in seinem Tagebuch sind ein Appell an die Vorsicht, Demut und Ergebenheit, denn er ist klug genug, auch sich selbst nur begrenzt zu trauen: »Es sind dir keine Flügel gewachsen«, schrieb er.

Die Medaille

Im *Collegio Serafico,* wo er von 1912 bis 1919 lebte, wird Kolbe denselben Eindruck wie in Lwow hinterlassen, nämlich den eines brillanten Schülers, dessen Noten regelmäßig die Maximalbenotung zu sprengen drohten. Unermüdlich stellte er Fragen, welche die wissenschaftlichen Quellen um ihn herum erschöpften. Er war spontan und, obwohl sehr empfindsam, fröhlich, neigte jedoch leicht zum Weinen, wenn er befürchtete, eine Vorschrift oder Regel auch nur geringfügig übertreten zu haben, oder wenn man ihm zeigte, dass seine Mitbrüder sie nicht respektierten. Er wurde schon jetzt mit Neugier beobachtet, denn er hatte nichts von der seinem Alter gemäßen Sorglosigkeit. Den Unterricht verließ er nur, um in die Kapelle zu gehen, und all seine Spaziergänge führten ihn in eine Kirche. Einer seiner Kameraden, der gehört hatte, dass es in der Schule einen Heiligen gebe, erzählte, dass er einen italienischen Mitzögling gebeten habe, ihn ihm zu zeigen. Heilige kann man nicht mit bloßem Auge erkennen, und die Italiener, die im Umfeld von Heiligsprechungen groß werden, galten als hervorragend bei dieser Art Expertise. Nachdem er ihn gesehen hatte, schloss er sich ihm an. Die Heiligkeit übt in jedem Alter eine große Anziehung aus, geht sie aber von einem jungen Mann aus, dann ist sie unwiderstehlich. Franz von Assisi war kaum mehr als zwanzig Jahre alt, als seine Kumpane der früheren Abenteuer einer nach dem anderen kamen, um die auf seinem Wege ausgestreuten *Fioretti* zu sammeln. Mit zweiundzwanzig Jahren klopfte Bernard de Fontaine in Gesellschaft einer Schar junger Kavaliere, die sich um sein geistliches Genie scharten, an die Pforte von Cîteaux. Man könnte vielleicht meinen, dass die Aussagen über den jungen Kolbe, die lange Zeit nach seinem Tode gemacht wurden, von jenem entsetzlichen Licht von Auschwitz beeinflusst worden waren, auch wenn die Zeugen selbst noch so sehr davon überzeugt gewesen sind, guten Glaubens zu handeln – einem Licht, das von Kolbe ausging und bis in seine Kindheit zurückwirkte. Ich glaube aber nicht, dass dies zutrifft. Außerdem haben wir eine Zeugenaussage aus jener Zeit, ein schriftliches, signiertes und datiertes Zeugnis, nämlich das Studentenregister der Fakultät *San Bonaventura*, in dem ihr Rektor am 23. Juli 1919 folgende nüchterne Eintragung machte:

> »Maximilian Kolbe, Provinz Galizien. Ankunft am 29. Oktober 1912. Am 28. April 1918 Priesterweihe. Doktor in Philosophie an der *Gregoriana*, Doktor in Theologie an unserer Fakultät am 22. Juli 1919. Ein junger Heiliger.«

Voller Glaubensüberzeugung, die er mitteilen wollte, hatte er es eilig, die ganze Welt zu Christus zurückzuführen, und zwar mithilfe der Jungfrau Maria. Sein Glaube befand sich unter dem Regime eines Ausnahmezustandes. Wie Franz von Assisi, der auszog, den Sultan zu bekehren, bat er seinen Vorgesetzten eines Tages um die Erlaubnis, den Großmeister der Freimaurer bekehren zu dürfen, die in der Umgebung des Vatikans Krawalle und Umzüge veranstalteten und feuerrote Standarten entfalteten, auf denen der Drache den heiligen Michael zu Boden zwingt. Auf diesem Wege wollten die Freimaurer den Päpsten, die ohnehin schon ihrer irdischen Macht beraubt waren, die baldige Vernichtung auch ihrer spirituellen Macht ankündigen. In dieser Epoche waren plumpe Scherze und korpulente Frauen *en vogue*. Kolbes Vorgesetzter, der weniger leicht als sein Schüler beeinflussbar war, konnte ihn davon überzeugen, dass er erst sein dialektisches Rüstzeug vervollkommnen müsse, ehe er den Großmeister herausfordern könne, und Maximilian gab zu, dass dies weise sei, schob sein Projekt jedoch lediglich auf. Die Leidenschaft, andere zu überzeugen, wird ihn sein ganzes Leben lang nicht verlassen. Seine Religion erschien ihm ebenso schön wie wohltuend, und es wäre in seinen Augen eine Sünde gegen die Nächstenliebe gewesen, nicht zu versuchen, sie weiter auszubreiten. Zu allen Zeiten und gleich, an welchem Ort, setzte er sich ihretwegen mit anderen Menschen auseinander, in der Straße, im Zug oder Bus, sei es im Gespräch mit einem Angestellten, mit einem fluchenden Gauner, der nicht weiß, was er sagt, oder in der Diskussion mit einem Universitätsprofessor, der verdutzt ist, dass dieser junge Grünschnabel von Mönch wie er selbst Doktor in Philosophie ist, oder – wenn Kolbe einmal krank ist – mit den Krankenschwestern, den Krankenpflegern oder dem Klinikchef.

Sein Bekehrungseifer wird die Erinnerung an ihn mit dem Vorwurf des Antisemitismus belasten, der sich auf wenige Sätze gründet, die nichts beweisen, als dass er die Juden, die Freimaurer, die Atheisten, die Protestanten, die Agnostiker und den ganzen Rest der Welt gern bei der Messe gesehen hätte. Vor dem Zweiten Weltkrieg, das heißt vor der großen Judenverfolgung, kamen ganz sicherlich unbedachte Äußerungen vor, aber niemand fand damals etwas Schlimmes dabei, öffentlich die Bekehrung Israels zu wünschen.

Es wäre eine Binsenweisheit gewesen, einen Christen daran zu erinnern, dass gemäß christlicher Tradition die Geschichte ohne die Bekehrung der Juden zum christlichen Glauben keinen Abschluss finden werde. Würde man heute so sprechen, dann hieße dies, Säure auf die Menschen eines Volkes zu gießen, die lebendigen Leibes gehäutet wurden.

Aber man kann im Nachhinein Pater Kolbe wegen gewisser Beweisstücke, die vom Hass diktiert wurden, nicht beurteilen, nachdem er reichlich bewiesen hatte, dass ein solch niedriges Gefühl niemals auch nur im kleinsten Atom seiner Person existiert hatte. Der Jude war sein Nächster, den er sich nur noch näher wünschte; das ist alles. Nie hatte Kolbe in der Nächstenliebe versagt. Darüber hinaus ist erwiesen, dass während des Krieges ungefähr 1 500 Juden in der Gemeinschaft, die er in Polen gegründet hatte, Zuflucht gefunden haben. Nicht alle von ihnen konnten gerettet werden, aber auch Kolbe nicht.

Aus diesem Abschnitt seines Lebens, der so wichtig war und der von 1912 bis 1919 dauerte, sind nur wenige Briefe von ihm erhalten. Die meisten dieser Briefe sind an seine Mutter gerichtet, die in Lwow gewissermaßen den Wachturm der Familie darstellte, wohin er von Zeit zu Zeit seine Position meldete. Am Ostertag des Jahres 1914 versuchte er, nachdem er ihr sein Bedauern mitgeteilt hatte, an diesem hohen Festtage nicht bei ihr sein zu können, für sie einen Wunsch zu formulieren, der anders als die traditionell-banalen Osterwünsche ist. Es fiel ihm nur einer ein, nämlich dass sie in allem den Willen Gottes erfüllen möge, wofür er folgende befremdende Formulierung fand: »Selbst Gott wird nichts Besseres finden.« Danach erzählte er lang und breit, wie er beinahe einen Finger der rechten Hand verloren hätte, weil er nicht richtig versorgt werden konnte, sodass sich jetzt eine Operation als notwendig herausstellte, weil der Knochen angegriffen sei. Da hatte der Arzt, der erfahren hatte, dass sein Patient etwas Weihwasser aus Lourdes besaß – ein Souvenir aus einer Wallfahrt des Rektors –, die Idee, dass Kolbe sich dessen bedienen sollte. »Und was glaubst Du, was geschah? Am nächsten Morgen, als man operieren wollte, sagte mir der Chirurg des Krankenhauses, dass dieser Eingriff nicht mehr nötig sei, ich war völlig geheilt.« Diese unerwartete Heilung erschien Kolbe interessant genug, um von ihr zu berichten. Was ihn aber eigentlich erstaunte, war die Gnade und nicht das ungewöhnliche Phänomen. Wie für Léon Bloy bestand auch für ihn das Wunder in der »Rückkehr zur natürlichen Ordnung«.

Während des Krieges wurden seine Briefe seltener, was sich aber aus den erschwerten Zustellungsbedingungen der Post zur Genüge erklären lässt. Er sprach viel über Religion, über den Krieg nur in Andeutungen. Was aber konnte ein Pole der Post schon anvertrauen, ein Pole, der österreichischer Untertan und Inhaber eines russischen Reisepasses war, der aus einem Land schrieb, das 1915 das Lager gewechselt hatte? Er beschränkte sich darauf, den Frieden herbeizuwünschen, was weder den Empfänger des Briefes noch den Absender kompromittierte. Seine ratlosen Vorgesetzten sandten ihn solange nach San Marino, bis der Krieg oder der Himmel seine Lage klären oder ihm eine ordentliche Aufenthaltsgenehmigung ausstellen würde. Während dieser Zeit der Briefknappheit, also während der zwanzig Monate, die zwischen den beiden letzten Briefen liegen, können wir uns immerhin über drei Briefe, die nach dem Waffenstillstand von 1918 verfasst wurden, freuen: Am 26. November 1918 schrieb er an seine Mutter, an seinen älteren Bruder Franz und seinen jüngeren Bruder Josef, die alle drei in Krakau lebten. Seiner Mutter berichtete er von seiner Priesterweihe, die am 28. April 1918 in *Sant'Andrea della Valle*, der großen römischen Kirche, stattgefunden hatte, deren schwarze Fassade auf der linken Seite auf originelle Weise von dem schönen weißen Engel Berninis überragt wird. Dieser Engel hat auf der rechten Seite kein Gegenstück, weil der schlecht bezahlte Künstler der Ansicht war, mit einem Engel genug für sein Geld geleistet zu haben. Obwohl man Kolbe geraten hatte, den Bericht an seine Mutter so ungezwungen und locker wie nur möglich zu halten, beschrieb er ihr die

Zeremonie in allen Einzelheiten, damit auch sie sich von diesem großen Tag ein genaues Bild machen konnte.

Da er erfahren hatte, dass Franz noch nicht wieder in den Orden zurückgekehrt war, fragte er sie bzw. sich selbst zum Schluss, welches Hindernis Franz davon abhielt: Waren es seine Vorgesetzten oder war es auf ihn selbst zurückzuführen? Dies war auch das Thema seines zweiten Briefes an den Bruder: »Schreib mir, wenn Du kannst (zum Beispiel von unserer Mutter), und teile mir mit, wie es Dir geht, wo Du wohnst, was Du tust und was Du im Hinblick auf den Orden vorhast.« Er bat ihn, sich daran zu erinnern, wie sie zusammen Seminaristen wurden, wie sie ihr Noviziat bestanden und ihr Ordensgelübde abgelegt hatten, und hoffte – übrigens vergeblich –, dass sie sich beide doch noch in der Ordenstracht der Franziskaner wiedersehen würden, »um für den Ruhm und zur Ehre Gottes, zum Heil und zur Heiligung unserer Seele und für eine große Zahl anderer Seelen zu arbeiten«. Der ältere Bruder wird nicht mehr in den Orden zurückkehren; der jüngere jedoch, für den die dritte Mitteilung dieses Tages bestimmt war, wird stets ruhig und besonnen seinen Weg bis zum Priestertum fortsetzen, bis er eines Tages vom religiösen Aktivismus Maximilians verunsichert sein wird, der die Jungfrau Maria für so allgegenwärtig hält, dass er nirgendwo mehr Schwierigkeiten sieht.

»Lasst uns bereit sein, zu leiden und zu arbeiten«, schrieb Kolbe an seinen jüngeren Bruder, »wir können uns nach dem Tode ausruhen.« Diesem immer ernster werdenden Brief war ein inzwischen historisch gewordenes Dokument beigefügt, nämlich die Statuten der ersten von Kolbe im Jahre 1917, als er noch nicht Priester war, gegründeten Bewegung, der *M. I.* oder der *Militia Immaculatae* (»Miliz der Immaculata«). Auf einer knappen Seite zusammengefasst, lautete das Programm des Projektes wie folgt:

Ziele: Die Bekehrung der Sünder, das heißt der ganzen Welt; selbstverständlich auch die Bekehrung des Großmeisters.
Bedingungen: Sich selbst der Jungfrau Maria weihen: Tragen der »Wundertätigen Medaille«.
Mittel und Wege: Je nach Lebensumständen und Erfordernissen des christlichen Gewissens sind alle Mittel erlaubt. Das Gebet zu Maria und die Verteilung der Wundertätigen Medaille werden von Kolbe noch einmal mit Nachdruck empfohlen.

All dies klingt einfach, ist auch einfach und umso wirkungsvoller: Die Anhänger der *M. I.* werden eines Tages in die Hunderttausende gehen. Inzwischen hoffte Kolbe, dass sein jüngerer Bruder das von Kolbe auf Italienisch abgefasste Faltblatt ins Polnische übersetzen und in Polen für seine Ausbreitung sorgen würde. Aber der Bruder tat nichts dergleichen. Er hatte immer Schwierigkeiten, seinen älteren Bruder, dem er nur mit Mühe folgen konnte, zu verstehen.

Wir müssen nun eingehender von dieser »Wundertätigen Medaille« sprechen, stellt doch sie allein die gesamte Artillerie dieses Bonaparte geistiger Kriegsführung und Eroberung dar. Die Medaille zeigt die Jungfrau Maria, wie sie Catherine Labouré, einer jungen französischen Nonne aus der Rue du Bac, erschienen ist, die von dem Ereignis in einem Bericht erzählt, den ich von Jean Guitton übernehme:

»Es war am 27. November 1830, dem Samstag vor dem 1. Adventssonntag, um halb sechs Uhr abends in der auf die Meditation folgenden großen Stille. Es schien mir, als ob vonseiten der Empore, nämlich dort, wo das Bild des heiligen Josef hing, ein Geräusch wie das Rascheln eines Seidenkleides zu hören wäre. Als ich dorthin blickte, sah ich die Heilige Jungfrau in der Höhe des Bildes. Sie stand aufrecht, ganz in ein hochgeschlossenes, weiß schimmerndes

Seidenkleid mit glatten Ärmeln gekleidet; ihr ebenfalls weißer Schleier reichte bis zum Boden. Unter ihrem Schleier sah ich ihr glatt gescheiteltes, eng am Kopf anliegendes Haar, über welchem eine etwa drei Zentimeter breite, nicht gekräuselte Spitze lag, die leicht auf ihren Haaren aufgedrückt war, sodass ihr Gesicht frei blieb. Ihre Füße stützten sich auf eine Kugel, oder besser – wie mir schien – auf die eine Hälfte einer Kugel. Außerdem hielt sie auch in den Händen eine Kugel, die den Erdglobus darstellte.

Dann glänzte ihr Antlitz in so großer Schönheit, wie ich es nicht beschreiben kann ... Und plötzlich gewahrte ich die Ringe an ihren Händen, die einer wie der andere aus den schönsten Juwelen gemacht waren; einige Ringe waren größer, andere kleiner, aber alle sandten die herrlichsten Strahlen aus. Diese Strahlen brachen aus den Edelsteinen hervor; aus den größeren traten auch größere Strahlen, die sich ständig noch mehr verbreiterten; aus den kleineren Steinen strömten die kleinsten Strahlen, die jedoch nach unten hin zunahmen, bis sie die untere Hälfte des Bildes völlig ausfüllten, sodass ich ihre Füße nicht mehr sehen konnte ... In dem Augenblick, in dem ich in ihre Betrachtung versunken war, sah sie mich an, indem sie ihre Augen zu mir herabsenkte. Ich hörte eine Stimme, die folgende Worte zu mir sprach: ›Diese Kugel, die Ihr seht, stellt die ganze Welt dar, insbesondere Frankreich und jeden einzelnen Menschen für sich.‹

Es fehlen mir jetzt die Worte, um auszudrücken, was ich an dieser Stelle gefühlt und gesehen habe – all diese Schönheit und dieser Glanz und diese herrlichen Strahlen!

Danach formte sich um die Heilige Jungfrau ein etwa ovales Bild, über dem in goldenen Lettern geschrieben stand: ›O Maria, ohne Sünde empfangen, bitte für uns, die wir zu dir unsere Zuflucht nehmen.‹ Danach hörte ich eine Stimme, die zu mir sprach: ›Lasst nach diesem Modell eine Medaille prägen, und alle Personen, von denen eine solche um den Hals getragen wird, werden große Gnaden empfangen. Für diejenigen, die diese Medaille voller Vertrauen tragen werden, wird die Gnade üppig fließen.‹«

Das sollte manchmal auch für Andersdenkende gelten, denn Alphonse Ratisbonne trug sie, als er sich bekehrte oder vielmehr, als er in *Sant'Andrea delle Fratte* bekehrt wurde, wo seine Büste, obwohl er aus unerfindlichen Gründen immer noch nicht heiliggesprochen wurde, das Gegenstück zu unserem Maximilian Kolbe bildet.

Die Sprache der Mystik ist eine andere als die unsrige. Im Jahre 1830 hatte sich Frankreich wieder einmal eine Revolution geleistet, Barrikaden wurden errichtet, in Paris wurden Parolen wie Freiheit und Gleichheit ausgerufen, wobei die Brüderlichkeit den Gewehren überlassen blieb. Ein König floh in seiner Kalesche mit einer weißen Fahne, ein anderer König, verborgen in den Falten der Trikolore, kam, um den Republikanern die Überraschung einer Monarchie zu bescheren. Ungefähr in dieser Zeit blätterte eine kleine Burgunderin bäuerlicher Abstammung auf der Mauer ihres Klosters in ihrem mit Bildern geschmückten Gebetbuch. Gewöhnlich würde man von Halluzinationen sprechen, wie man es ja auch im Falle von Kolbes Erscheinung tat. Aber ich las Catherines Bericht nochmals nach, und aus ihrer Erzählung spricht für mich nur eine große Einfalt des Herzens, eine aufrechte Gesinnung und angesichts des Unaussprechlichen jener rührende Eifer, der an die Hingabe von Kindern erinnert, die sich mit gerunzelten Augenbrauen und heraus-stehender Zungenspitze um das Gelingen einer besonders schwierigen Zeichnung bemühen. Der Bereich der Halluzination liegt nicht in der Mystik, sondern in der Politik, die exaltierte Reden über eine Welt hält, die es nie geben wird. Nicht Catherine ist die an Halluzinationen Leidende, sondern Stalin oder Hitler ist es, der bereits das Großdeutsche Reich seiner Träume fantasierte, ja bereits danach griff, das er für die Dauer von tausend Jahren auf dem zerstörten Rücken der sogenannten minderwertigen Rassen errichtet haben wollte.

Gebete, Medaillen. Eine solche Ausrüstung mag leicht erscheinen in einer Welt, die seit Langem mit dem Himmel entzweit ist und die einen entsetzlichen Weltkrieg noch nicht überwunden hat, den die reine Logik ohne die Hilfe des Irrationalen kaum zu verstehen fähig ist. Ja, was können Gebete und Medaillen gegen die Macht des Materialismus und das Streben nach Macht schon ausrichten, einem Machtstreben, das, kaum dass der Frieden unterzeichnet war, von Neuem auflebte? In seinem unerschrockenen Glauben wusste Kolbe, dass die geistigen Waffen, die wenig von sich reden machen, erstaunlich schlagkräftig sein können, wenn derjenige, der sich vornimmt, sie einzusetzen, sein Leben zusammen mit ihnen aufs Spiel setzt. Und dazu war er fest entschlossen. Im Jahre 1918, an dem Tage, an dem er seine erste Messe in *Sant'Andrea delle Fratte* las, und zwar in der Kapelle, in welcher Ratisbonne seine Erscheinung hatte, ging er mit seinem aus dreiundachtzig Punkten bestehenden apostolischen Programm zum Altar. Er hatte diese Vorsätze in einem kleinen, in einer Schublade gefundenen Heft aufgeschrieben; ihre Intentionen befassten sich mit seiner Familie, seinen Mitbrüdern, seinem Orden, den Kranken, dem obligatorischen Großmeister und einer – zweifellos heimlich bekehrten – Jüdin, sowie mit der Kirche, der Welt, seinem Vaterland … In einem lateinisch abgefassten Vorsatz resümierte er sein ethisches Programm und seine Handlungsabsichten, seine Existenz und sein Denken so:

Pro amore, usque ad victimam (»Alles für die Liebe, bis zur Aufopferung meines Lebens«).

Im Grunde lautet so auch die eigentliche Definition eines Märtyrers.

Casa Kolbe

Am Fuße des Palatinhügels in Rom hat die Geschichte, die alles, was sie hervorbringt, auch wieder mit sich fortzureißen pflegt, einige vergessene Ruinen stehen lassen. Dort liegen auch die leuchtend roten Gebäude von *Casa Kolbe*. Es handelt sich bei ihnen um das frühere *Collegio Serafico*, das Kolleg der Franziskanerkonventualen, das einen großen freien Innenhof umschließt, der jedoch nicht unseren Schulhöfen mit den in Teer wurzelnden Rosskastanien gleicht. Vielmehr ist dort ein Garten mit Alleen, niedrigen Heckeneinfriedungen und Palmen, deren zerzauste Kronen sich auf der Höhe der Dächer wiegen. Hier hatte Kolbe von 1912 bis 1919 gelebt. Aber heute ist es kein Franziskanerkolleg mehr, sondern die Franziskaner haben aus ihm ihr Gästehaus gemacht und einen Saal sowie einige Räume zum Museum bestimmt.

Das Zimmer Kolbes im ersten Stock ist in eine Hauskapelle umgewandelt worden. Was die Frömmigkeit dort vorfindet, geht der Erinnerung verloren. In einer Ecke nahe am Fenster werden in einer Glasvitrine einige Andenken an ihn gezeigt: das Original der »Marianischen Miliz-Statuten«, das wie eine gerahmte Menükarte an der Tür eines Restaurants ausgestellt ist; die schwarze Kutte eines Franziskanerkonventualen, die auf einem Kleiderbügel hängt, und ein Reliquienkästchen.

In diesem Zimmer wurde die »Miliz« für die Sache Marias im Jahre 1917 gegründet. Es ist ein erstmalig von Maria Winowska[2] veröffentlichter Text vorhanden, den Kolbe auf

[2] Maria Winowska, »Das Geheimnis des Pater Maximilian Kolbe«, Pattloch, München 1982.

Verlangen eines Vorgesetzten verfasste, der einzige Text, in dem er auch von sich selbst sprach, da er sich sonst selbst keine andere Beachtung zu schenken pflegte als die der Gewissenserforschung. Nie hat er sich als einen Autor, der liebevoll sein Werk betrachtet, gesehen.

»Viel Wasser ist seither den Berg hinuntergelaufen, beinahe achtzehn Jahre; darüber habe ich natürlich viele Details vergessen. Da mir aber Pater Guardian aufgetragen hat, die Anfänge der ›Miliz‹ festzuhalten, werde ich das, woran ich mich noch erinnere, niederschreiben.

So erinnere ich mich, dass ich mit meinen Mitbrüdern oft über die Dekadenz unseres Ordens und über seine Zukunft sprach. Bei einem solchen Anlass hatten sich mir folgende Worte eingeprägt: ›Wieder aufrichten oder niederreißen.‹

Denn ich bedauerte jene jungen Männer, die mit der besten Absicht zu uns stoßen und oft ihr Ideal von der Heiligkeit im Kloster verlieren. Und ich überlegte, was zu machen sei …

Oder gehen wir noch weiter zurück: Ich erinnere mich, wie ich als ganz kleiner Junge eine kleine Statue der Heiligen Jungfrau für einen Heller gekauft hatte. Danach hatte ich mich im Kirchenchor des Internats zu Lwow während der heiligen Messe mit dem Gesicht zur Erde geworfen und der wie eine Königin über dem Altar thronenden Heiligen Jungfrau versprochen, dass ich für sie kämpfen werde. Ich wusste zwar noch nicht, wie ich dies anstellen sollte, aber ich stellte mir einen handgreiflichen Kampf mit echten Waffen vor.

Obwohl ich sehr zum Stolz neigte, fühlte ich mich immer mehr zur Unbefleckten Jungfrau hingezogen. In meiner Zelle war über meinem Betstuhl immer das Bild irgendeines Heiligen angebracht, dem die Heilige Jungfrau einmal erschienen war. Auch zu diesem Heiligen betete ich oft …«

Nicht immer ist der *Advocatus Diaboli* im Unrecht. Er ist zum Beispiel im Recht, wenn er feststellen muss, dass Kolbes

Patriotismus und Glaube mit dessen Verehrung der Jungfrau Maria verschmolzen. Er ist etwas weniger im Recht, wenn er eine Spur militärischer Berufung in der Idee der Gründung einer »Miliz« sieht, denn Kolbe hatte ja allein schon durch sein Mönchtum dem Gebrauch realer militärischer Waffen abgeschworen. Sollte er sonst noch an eine andere Uniform gedacht haben, so hätte seine Gesundheit ihn von dieser Idee wieder abgebracht: »Mittlerweile«, so berichtet er, »fuhren wir in ein Landhaus, dem *La Vigna,* in die Ferien. Es lag eine halbe Stunde vom Kolleg entfernt. Eines Tages, als wir Fußball spielten, fühlte ich, wie mir Blut über meine Lippen kam. Ich streckte mich auf dem Rasen aus und Bruder Biasi kümmerte sich um mich. Lange musste ich Blut spucken, und ich war so glücklich bei dem Gedanken, dass dies mein Ende, meinen Tod bedeuten könnte! Daraufhin ging ich zum Arzt, der mir befahl, nicht zu Fuß, sondern im Wagen heimzufahren und mich sofort ins Bett zu legen. Trotz der Arzneien gelang es nicht, die Blutungen zu stillen.

Erst nach zwei Wochen erlaubte mir der Arzt, zum ersten Mal wieder auszugehen. In Begleitung von Bruder Osanna begab ich mich ziemlich mühsam zu unserem Landhaus. Als sie mich kommen sahen, begannen meine Kameraden vor Freude zu jubeln. Sie brachten mir frische Feigen, Wein und Brot. Ich fühlte mich nicht mehr elend, denn die Schmerzen und die Blutungen hatten aufgehört. Zu diesem Zeitpunkt vertraute ich dann zum ersten Mal Bruder Biasi und Pater Joseph Pal meine Idee der Gründung einer Bewegung an. Letzterer war vor mir zum Priester geweiht worden, studierte jedoch wie ich in diesem Jahr Theologie. Damit wir uns über den Willen Gottes sicher sein könnten, machte ich zur Bedingung, dass ihre Beichtväter meiner Idee zustimmten …

Am 17. Oktober 1917 sollte dann mit der Einwilligung unseres Rektors das erste Treffen der sieben ersten Mitglieder sein. Diese Versammlung fand heimlich am Abend hinter verschlossener Tür in einer Zelle statt. Vor uns stand eine Statue der *Immaculata,* die von zwei brennenden Kerzen eingerahmt war … Nach diesem ersten Treffen machte die ›Miliz‹ länger als ein Jahr lang keine Fortschritte. Auf ihrem Wege türmten sich so viele Hindernisse, dass selbst ihre Mitglieder nicht mehr darüber zu sprechen wagten. Einer unter ihnen versuchte sogar, die anderen zu überzeugen, dass all dies nutzlos sei … Dann aber wurde Bruder Antonio Glowinski mit allen Zeichen des Auserwähltseins von der Unbefleckten Jungfrau heimgeholt und dreizehn Tage später Bruder Antonio Mansi, der an den Folgen der Spanischen Grippe starb. Ich selbst erlitt einen schweren Rückschlag, hustete viel und spuckte Blut. Da ich vom Unterricht befreit worden war, profitierte ich von der freien Zeit, um mein Programm der ›Miliz‹ erneut abzuschreiben, sodass ich unserem Ordensgeneral eine Kopie übersenden und ihn um seinen schriftlichen Segen bitten konnte.

›Wenn Ihr wenigstens zu zwölft wärt!‹, antwortete er mir, schickte seinen Segen und drückte den Wunsch aus, die ›Miliz‹ besonders unter den jungen Leuten bekannt zu machen.

Von diesem Tage an riss der Zustrom neuer Mitglieder nicht mehr ab. Die Aktivitäten der ›Miliz‹ während dieses ersten Zeitraums bestanden aus dem Gebet und der Verteilung der Wundertätigen Medaille. Der Ordensgeneral gab uns sogar Geld, um sie zu kaufen.«

Sie waren zunächst zu siebt, unter ihnen einer, der bald aufhörte, an ihre Sache zu glauben, und einige andere, die bald nicht mehr von ihr sprachen. Trotzdem sollte diese Bewegung, die von einem Kranken ins Leben gerufen wurde und der es in ihren Anfängen nicht besser ging als ihm, binnen Kurzem eine Blütezeit erleben.

Aus diesem Schriftstück erfahren wir alles über Kolbe; es ist der einzige Text – dies möchte ich hier ausdrücklich wiederholen –, in dem er uns sein Herz öffnet. Er zeigt uns zum Beispiel seine Umsicht, mit der er, ehe er etwas unternimmt, die Zustimmung der Vorgesetzten einholt, ein Verhalten, das ihm zweifellos von seinem starken »Hang zum Hochmut« diktiert wird, dessen er sich bezichtigt und der vielleicht doch nicht nur eine Folgeerscheinung seiner starken Gewissenskrise gewesen ist. Wir entnehmen aus ihm vor allem jene sonderbare Freude, die ihn erfasste, als er den Mund voller Blut hatte, was ihn hoffen ließ, dass »dies sein Ende sein möge«, so als fühlte er sich gewissermaßen dazu berufen, im Alter von dreiundzwanzig Jahren in einer Unterrichtspause zu sterben. Dieser Text berichtet uns auch von seiner Gewissheit, dass die von der Krankheit dahingerafften Kameraden im Himmel sind, wo sie sich für sein Werk einsetzen. Für Kolbe gab es zwischen Himmel und Erde keine Demarkationslinie. Er bewegte sich zwischen beiden ohne die geringsten Schwierigkeiten, leichter noch als früher, als er die Grenzen des russischen und österreichischen Polens passierte.

Ein kleiner Reliquienschrein aus verbeultem Silber in der Glasvitrine von *Casa Kolbe* enthält alles, was von Kolbes Person in dieser Welt übrig blieb; der Rest ist von der Asche und dem Rauch von Auschwitz ausgelöscht worden. Es handelt sich in der Tat um recht seltsame Reliquien, die in dem für Besucher bestimmten Ausstellungskatalog als Haare bezeichnet werden, in Wirklichkeit aber Barthaare sind. In den Dreißigerjahren, vor seiner Abreise nach Japan, hatte sich Kolbe einen Bart wachsen lassen. Es hieß damals, dass dieses traditionelle Attribut eines Missionars günstig auf die Zuhörerschaft in einem exotischen Land wirke, vorausgesetzt, der Bart sei dicht genug, um die geduldige Weisheit seines Trägers zu beweisen. Kolbe trug einen wallenden Vollbart, der von grauen Strähnen frühzeitigen Alterns durchzogen war. Nach seiner Rückkehr ließ er den Bart in

Polen zu Beginn der Feindseligkeiten wieder abrasieren. Er war nun kein Missionar mehr, ganz abgesehen davon, dass ein Vollbart bei einem solch jungen Zivilisten wie ein falscher Bart gewirkt hätte. Da hatte der Klosterbarbier die Idee, die es den Gläubigen von heute erlaubt, etwas von diesem entschwundenen Menschen zu verehren: Der Barbier hob die Barthaare Kolbes nämlich auf.

So ging also die intuitive Vorahnung eines Friseurs den Schlussfolgerungen der Theologen weit voraus, die eine dreibändige, gelehrte Abhandlung über die Verdienste und die Tugenden Kolbes schreiben sollten. Hatte er bis zum Heroismus den Glauben, die Hoffnung und die Nächstenliebe praktiziert, oder nicht? Konnte man ihn, ohne einen Irrtum zu begehen, in die Zahl der Seligen aufnehmen? War er auch ein Heiliger? Vierzig Jahre zuvor, ehe man sich über diese Frage einigen konnte, hatte der Mann mit dem Rasiermesser mit dem Aufbewahren der Barthaare diese Frage schon gelöst.

Die Sonne

Das Denken eines jeden Menschen hat seinen Mittelpunkt, seine Sonne; Kolbes Sonne war Maria, die sein Leben, sein Herz, seinen Verstand und selbst seinen Tod erhellen und erleuchten sollte, soweit man dies nach dem schwachen Echo beurteilen kann, das aus dem Hungerbunker in Auschwitz noch nach außen drang, nämlich Bruchstücke von Strophen aus Kirchenliedern. Zuweilen hielten die Vorgesetzten seine zwar nicht ausschließliche, aber doch permanente Hingabe an Maria für gefährlich für die gute theologische Ordnung, weil sie einem nahezu zwanghaften, geradezu illusorischen und haltlos sentimentalen Denken glich, also übertrieben zu sein schien. Sie beunruhigte sogar Maximilians jüngeren Bruder Josef, der darüber verdutzt war, von seinem Bruder dazu beglückwünscht zu werden, so gut zur Jungfrau Maria zu beten, als er vor dem Allerheiligsten kniete. Auch der *Advocatus Diaboli* wird diese Vorwürfe wieder aufnehmen, wenigstens der Form nach, denn er weiß nur zu gut, dass man Heilige nur schwer daran hindern kann, zu übertreiben oder übertrieben heilig sein zu wollen. Simeon der Säulenheilige, der sich der Legende nach von einem einzigen Kohlblatt pro Woche ernährte, übertrieb die strenge Kargheit seines Lebens ebenfalls, so wie Franz von Assisi das Gleichnis übertrieb, als er seinen Kameraden erklärte, eine »vollkommene Freude« sei es, nach einer langen Reise kein Dach über dem Kopf vorzufinden, von niemandem willkommen geheißen zu werden und die Nacht im Schnee und in der Kälte vor einer verschlossenen Tür zuzubringen. Heilige überschreiten

Grenzsteine umso leichter, weil es für sie keine Grenzen gibt.

Hauptzeugin für Kolbes verzehrende Hingabe an die Gottesmutter ist eine kolorierte Statue in der Kapelle der Franziskaner, die neben dem kleinen Raum mit den Reliquien liegt. Die Kapelle besteht aus einem großen rechteckigen Raum, dessen Fenster auf den Palatinhügel hinausgehen. Von hier aus gleicht dieses unbestimmte Terrain einer Geländewoge, die das kaiserliche Strandgut zum Himmel und in die Vergessenheit trägt. Im Hintergrund der Kapelle findet sich im Anschluss an die hölzernen Bankreihen rechts neben dem Altar ein großes Gemälde, das die Enthüllung des Herzen Jesu an Marguerite-Marie im rhetorischen Stil des 19. Jahrhunderts darstellt. Kolbe wurde oft vor diesem Bilde kniend gesehen, öfter aber noch zu Füßen der Marienstatue, die früher auf dem Altar stand. Nachdem sie von der neueren liturgischen Ordnung vertrieben worden ist, steht diese Statue heute auf einem Sockel im rechten Gang der Kapelle. Es handelt sich um ein Gnadenbild der Muttergottes von Lourdes, das keinen Anspruch darauf erhebt, ein Kunstwerk zu sein, sondern eines jener Werke ist, die zu Herzen gehen. Der Marmor von großen und echten Kunstwerken ist glatt, schwer und kühl; der Gips, aus dem die Werke der Pietät gemacht sind, ist leicht, bescheiden und einladend.

Diese Jungfrau mit dem blauen Schleier, in deren Heiligenschein die berühmte, von Bernadette Soubirous gehörte Botschaft »Ich bin die Unbefleckte Empfängnis« geschrieben steht, die Bernadette am Ufer eines Flusses der Pyrenäen empfing, hatte – wenn dies zu sagen mir erlaubt ist – einen »schweren Anfang«: Die kirchlichen Autoritäten waren ihr gegenüber äußerst reserviert, die staatlichen rundweg feindlich eingestellt. Der Regierungschef des Departements sprach von Halluzinationen; die vornehmen Damen konnten nicht glauben, dass eine Frau der feinen Gesellschaft wie die Jungfrau Maria achtzehnmal in ein und demselben Kleid erscheinen konnte; der konsultierte Psychiater schrieb Bernadettes Erscheinung einem Lichteffekt zu, der die Umrisse einer blauen Statue angenommen hätte, so wie auch Ernest Renan in diesem positivistischen Jahrhundert das Phänomen des Pfingstereignisses mit einem Luftzug erklärt sehen wollte. Selbstverständlich wollte Kolbe von dieser Art Zweifel und Erklärungen nichts wissen. Für ihn wird Maria, sei es die von Lourdes, die der Wundertätigen Medaille oder ganz einfach die des Evangeliums, bis zum Schluss immer eine lebende Person und ein lebendiges Mysterium sein.

Das Herz eines jeden Polen schlägt für Maria. Eher würde er aufhören, Pole zu sein, als dass er aufhören würde, zu glauben, denn im Glauben findet er seine verlorene Freiheit wieder. Im Übrigen ging von der Zitadelle Tschenstochaus im 17. Jahrhundert die polnische Freiheitsbewegung aus, als ob die Befreiung Frankreichs im Jahre 1944 in Lourdes ihren Anfang genommen hätte. Diese Art Koinzidenz nährt den Glauben von Jahrhunderten.

Aber die Marienverehrung ist nicht nur ein Privileg der Polen. Sie ist der Prüfstein und das Maß für die geistliche Sensibilität eines jeden Christen. Was die katholische Seele unwiderstehlich zu Maria hinzieht, ist ihre Bescheidenheit, trotz ihrer unvergleichlichen Größe, denn als Mutter des Erretters ist sie ohne Zweifel das größte unter allen geschaffenen Wesen. Sie ist es, die das Evangelium eröffnet, welches durch ihr »Ja« gegenüber dem Verkündigungsengel erst möglich gemacht wurde. Aber nach dem kristallen funkelnden Lobgesang des »Magnifikats« werden wir sie nur noch wie im Halbdunkel, im Gegenlicht, wahrnehmen, wie eine diskrete Erscheinung, die aus immer weiterer Entfernung einen leichten Blumenduft über die Seiten des Evangeliums haucht. Die Christen verehren in ihr nicht die mythologische

Muttergottheit; vielmehr ist sie für sie die beunruhigte Mutter, die vor den mit den Säbeln rasselnden Soldaten des Herodes mit ihrem Säugling in den Armen flieht; sie ist die verzweifelte Mutter, die ihr Kind drei Tage lang sucht, bis sie es im Tempel wiederfindet; sie ist die aufmerksame und gelassen-heitere Mutter der Hochzeit zu Kana, die von Jesus kein Wunder verlangt, es aber auf dem subtilen Umweg über eine banale Beobachtung erreicht: »Sie haben keinen Wein mehr.« Sie ist die von Angst erfüllte Mutter, die ihrem Sohn überallhin in einiger Entfernung bis zu jenem verhängnisvollen Freitag folgt, wo sie sich ihm nur nähern kann, indem sie ihn sterben sieht. Zerstört, aber aufrecht, steht sie am Fuße des Kreuzes, vor diesem wundstarren Körper, der sich unter den Nägeln windet, die bereits sein Herz durchbohrt haben.

Für Kolbe ist die *Immaculata* Mensch und Mysterium. In der Geschichte des Judenchristentums nimmt Maria offensichtlich einen einzigartigen Platz ein: Als Jungfrau hat sie den Messias geboren, ist aber selbst gemäß der katholischen Tradition »ohne Sünde geboren worden«; das heißt, sie war von der Erbsünde, die die Menschheit seit Adam und Eva befleckt, befreit. Dies nennen die Katholiken die »Unbefleckte Empfängnis«, die keineswegs – wie so oft geglaubt wird – die Geburt Jesu, sondern die der Jungfrau Maria betrifft, die sich selbst der Bernadette in Lourdes unter dieser geheimnisvollen Benennung zu erkennen gab, mit welcher die Theologie immer noch nicht fertiggeworden ist. Auch Kolbe nicht: »Was das Wort ›Mutter‹ bedeutet«, so schreibt er in einem seiner Briefe, »wissen wir, aber das Wort ›Muttergottes‹ können wir mit unserem geringen Verstand nicht begreifen; nur Gott kann das.

›Unbefleckt empfangen‹ versteht man gerade noch, aber der Ausdruck ›Unbefleckte Empfängnis‹ ist voll von tröstlichen Geheimnissen.«

Diese Dinge lassen sich nicht verstehen; man kann sie nur erleben.

Für den modernen Menschen, der des Göttlichen entwöhnt ist, ist dies natürlich befremdlich, da das Geheimnis eines Heiligen darin besteht, wie in einem fotoelektrischen Effekt das Unsichtbare zu absorbieren und in Nächstenliebe zu verwandeln. Das ist so, weil wir Gott nur eine scheinbare Wahrscheinlichkeit zugestehen. Wir denken kaum daran, unser Leben aus den Geheimnissen unseres Glaubens zu schöpfen, die eigentlich nichts anderes als verlassene Brunnen sind, die in der Einsamkeit überfließen. Dieses Mysterium, das strenge Geheimnis der »Unbefleckt Empfangenen«, das so leicht die geistlichen Redner im Äther von Abstraktionen abprallen lässt, ist für Kolbe eine mächtige Energiequelle. Es stärkt ihn, ordnet sein Denken, macht ihn frei und verleiht ihm für die Welt jenen leicht souveränen Blick dessen, den nichts beunruhigt, nichts erschreckt, der weiß, von woher er stammt und wohin er geht. In Auschwitz wird er nur noch dank dieses Geheimnisses leben können.

Vier Porträts

Er hatte viele Gesichter oder sagen wir vielmehr, die fotografischen Platten hatten ihn nicht immer auf dieselbe Art wiedergegeben, ließen ihn nicht gleichmäßig liebenswürdig erscheinen. Vor mir liegen vier seiner Porträts, die uns vier Gesichter zeigen, in denen die Askese und die Krankheiten die Züge der Jugend schon frühzeitig auslöschten.

Die erste Aufnahme zeigt ihn im Alter von vierundzwanzig Jahren; er ist Priester. Unter einem kurzen, dichten Haarschopf wirkt die Stirn wie eine von bewaffneten Gedanken umschlossene Mauer, was von der Wölbung der schwarzen Augenbrauen noch unterstrichen und von dem soliden Ausläufer der Nase untermauert wird. Er hat volle Wangen mit starken Backenknochen; der noch kindliche und hübsch geschwungene Mund scheint dazu geschaffen, die Wange seiner Mutter zu küssen, wozu sie ihn sicherlich nicht oft ermutigt hatte. Dem hübschen Ausdruck dieses Mundes wird ohnehin sofort von dem gespannten und außerordentlich ernsten Ausdruck seiner Augen Einhalt geboten. Hinter einer dünnen Brille sehen uns braune oder schwarze Augen an, deren Starre vielleicht vom Magnesiumblitz des Fotografen verursacht wurde. Sie blicken durch die Linse und den Fotoapparat und den Fotografen selbst hindurch auf etwas, das man nicht sieht und das nach Aufmerksamkeit verlangt. Dieses viereckige Gesicht drückt Entschlossenheit und Charakterstärke aus. Ganz und unteilbar liegt die Seele hier und wacht.

Auf der zweiten Fotografie, die etwa zwölf Jahre später aufgenommen wurde, sehen wir ein längliches, rechteckiges

Gesicht. Die beinahe völlig abgeschorenen Haare sind bereits grau, der Haaransatz ist zurückgewichen, um die Stirn freizugeben. Das Alter kam vorzeitig, die Jugend, die den Rückzug angetreten hat, zeigt sich noch um den Mund, dessen Lippen die ursprüngliche Form behalten haben. Der Kopf ist leicht auf die rechte Schulter geneigt, was seine normale Haltung ist. Die Augen blicken nach links; man liest in ihnen allgemeines Wohlwollen. Der Blick ist wie schwarzer, ungezuckerter Kaffee. Noch immer durchdringt der Blick das Gegenüber, um das Unsichtbare einzuholen. Der Gesichtsausdruck ist alles in allem friedlich und strahlt jene lautere Ruhe aus, die dem Zweifel oder der Versuchung nie den geringsten Platz eingeräumt hat.

Die dritte Aufnahme zeigt Kolbe im Alter von zweiundvierzig Jahren; sie hat nichts mehr vom jungen Maximilian. Es scheint, als ob die Stirn durch die abgemagerten Wangen, die im Dickicht eines großen, graumelierten Bartes versinken, noch ausladender geworden wäre. Die Augenbrauen sind gefurcht, die Augen verfolgen eine am Horizont vorüberziehende Idee. Dies ist die Fotografie eines alten Mannes mit gefurchtem Gesicht, das wahrscheinlich von Entbehrungen, sicherlich jedoch vom Fieber gezeichnet ist, sowie von einem inneren Feuer, welches von seiner Energie und seinem Willen unaufhörlich geschürt wird. Man wundert sich nicht, dass ein solcher Mensch eines Tages auf seine Hefte folgende Worte schreibt: »Das einzige Glück in dieser Welt besteht darin, für die Liebe des Gekreuzigten gekreuzigt zu werden.«

Das vierte und letzte Bild ist eines jener Passbilder, bei denen das Objektiv den Kunden sich nicht erst in Positur werfen lässt. Kolbe ist fünfundvierzig Jahre alt. Durch das Verschwinden des Bartes hat sich die untere Hälfte des Gesichtes verjüngt; der Mund, der so gern lächelt, ist hier ernst, was ja auch für administrative Zwecke eher angebracht ist.

Die Stirn ist gequält, und tief eingeschnittene Kerben zwischen den Augenbrauen signalisieren einen hohen Grad an Konzentration oder vielleicht auch von Kurzsichtigkeit. Der schwarz funkelnde Blick trifft genau ins Herz und setzt seinen Weg hinter dem Betrachter fort. Auf allen Abbildungen haben die Augen mit geringfügigen Nuancen dieselbe Intensität des Ausdrucks.

Die verrückten Dreißigerjahre

Kolbe verließ das Kolleg und Rom, um sofort nach Beendigung des Ersten Weltkriegs vom Exerzieren zu Taten zu schreiten, in einer Zeit also, in der Europa in seine »verrückten Jahre« eintrat, jene Art verlängerten Genesungsurlaubs, der vom Trompetensignal des Waffenstillstandes bis zur Krise des Jahres 1929 dauern sollte, als die Fabriken beim Abpfiff der Erholungspause dahinzusterben begannen. Das Wort, das diese Periode am besten charakterisiert, ist neueren Gebrauchs: Es geht um die »Destabilisierung«, um die politische, soziale, geistige, moralische, ethische und literarische Destabilisierung.

Kaum war der Konflikt beigelegt, destabilisiert die Diplomatie Europa. Sie nimmt den Zusammenbruch des Hauses Hohenzollern zur Kenntnis und bestraft die Habsburger, indem sie das Haus Österreich auf die Dimensionen eines Musikkiosks reduziert und den glorreichen zweiköpfigen österreichischen Adler mit gestutzten Flügeln zu einem behinderten Fußgänger macht. Nachdem dieses mäßigende und regulierende Element ausgeschaltet war, konzipiert man eine Tschechoslowakei, hinter deren Grenzen die am meisten exponierte Bevölkerung eingesperrt ist, die weder tschechisch noch slowakisch, sondern deutsch ist. Man lässt Polen wieder aufleben, lässt es die Luft der Ostsee schnuppern, indem man ihm ein Stückchen Schlundende aufpfropft, das Preußen durchquert. Dass Polen der Welt wieder geschenkt wurde, war ein frommes Werk; aber der »Polnische Korridor« konnte für Deutschland nichts anderes als eine Versuchung werden.

Nachdem die Diplomaten ihr Kunstwerk beendet hatten, signierten sie es mit Stolz. Damit war das Gerüst für den Zweiten Weltkrieg errichtet. Da der Dämmerzustand mehr oder weniger überall herrschte und düstere Vorhersagen niemanden interessierten, lebten die Europäer sorglos und glaubten an das Goldene Zeitalter. Sie gaben sich mit Begeisterung ihren Illusionen hin, die vom Tau der Reden immer wieder belebt wurden.

Die Gesellschaft, die den Krieg überstanden hatte, war nicht mehr dieselbe, die in ihn eintrat. Ihre Moral hielt durch, aber kaum war der Waffenstillstand geschlossen, erlaubte sich ihre erschöpfte Moral einen Burgfrieden, der in einer Beurlaubung endete. Man lebte in einer mit Glas und Metall dekorierten Welt, die deutlich das Sinken der Temperaturen in den zwischenmenschlichen Beziehungen ankündigte. Vielleicht tanzte man Charleston, um sich aufzuwärmen; die synkopierte[3] Musik drückt ziemlich gut die Intervalle des Wachzustandes der Überzeugungen aus.

Dieser symptomatische Tanz, den man sozusagen getrennt vom eigenen Körper aufführt, drückt auf seine Weise die Destabilisierung eines Individuums aus, das seiner festen Angelpunkte beraubt ist und dem Fall nur durch Geschwindigkeit entkommen kann. So lautet das erste physikalische Gesetz des Rades: Es beschleunigt. – Dies gilt auch für das Rad der Geschichte.

Die Prüfungen des Jahres 1914 hatten die Kirche gezwungen, die Festung ihrer Dogmen zu verlassen, eine Burg, von der aus sie noch am Ende des vorigen Jahrhunderts all jene zu exkommunizieren drohte, die davon sprachen, sie zu verlassen, und die von der Kirche »Modernisten« genannt wurden. Während des Krieges waren Pfarrer wie Lehrer zusam-

---

[3] Rhythmische Verschiebung durch Bindung eines unbetonten Wertes an den folgenden betonten.

men im Schlamm der Schützengräben eingegraben gewesen, hatten sie dieselben Leiden zu ertragen und dieselbe einfache und knappe Sprache des Überlebens gesprochen. Nachdem sie dem Unwetter geschmolzenen Bleis, das sich über ihnen während mehr als vier Jahren entlud, entkommen waren, betrachteten sie sich nicht länger mit der unüberwindbaren Aversion wie früher. Klerikalismus und Antiklerikalismus hatten noch immer ihre Anhänger, aber der Antiklerikalismus hatte seine Schärfe verloren und der Klerikalismus seine Vorurteile. Die Kirche, die mit der Welt paktieren musste, konnte nicht wieder in ihre Festung zurückkehren, aber sie konnte auch die Gemüter nicht wieder integrieren, die sich inzwischen das schwindelerregende Wissen des Unbewussten angeeignet hatten, in dem sich Gut und Böse aufhebt. Die Kirche war nicht destabilisiert, sie war vom Mittelpunkt an den Rand der Gesellschaft gedrängt worden, was die zahlreichen Ermahnungen wie »in die Welt hinausgehen« erklärt, die sie sich später zulegen wird. Während Jahrhunderten hatte sie den Moralbegriff geprägt. Selbst diejenigen, die ihre Rolle ablehnten, hatten diesen Begriff übernommen, wenn auch nicht im Sinne seines göttlichen Ursprungs. Diese Zeit war vorbei. Die Kirche wurde auf eine Satellitenbahn gesandt – außerhalb des täglichen Lebens und Denkens. Während sich die demokratischen Regierungen abmühten, wie gute Familienväter die »verrückten Jahre« zu verwalten, war das Kapital moralischer Energien, das vom Christentum im Laufe seiner langen Geschichte angesammelt worden war, dabei, dahinzuschmelzen. Der Okzident – die westliche Welt – verprasste seine Erbschaft, verfälschte seine kulturellen Werte und verschwendete sein Denken in einer Art verallgemeinertem Relativismus, der sich im Zweifeln selbst erschöpfte und in der Skepsis seinen Höhepunkt fand. Selbst Polen blieb dies nicht erspart. In der Euphorie nationaler Wiedererstehung gab die geistige Spannung aus den Tagen der Unterdrückung jäh nach. Die Jugend hatte die Kirche gewiss nicht vergessen, aber sie schob ihre Danksagung hinaus.

Zu diesem Zeitpunkt kehrte Kolbe in seine Heimat zurück.

Der falsche Start

Im Jahre 1919 verbrachte er fünf Tage auf der Reise, davon vier in einem Zug des Roten Kreuzes, der ihn in sein befreites, aber ausgeblutetes Polen zurückbrachte. Dort wurden viele Medaillen geprägt, die Polens Wiedergeburt feierten, aber noch mehr Münzen, um sein finanzielles Defizit auszugleichen. Es war ein guter Zug, in dem die Reisenden, die in ihren Abteilen schlafen konnten, auch verpflegt wurden. Auch hielt er überall lange an, außer an den Grenzen, die er ohne Kontrollen passierte. Nach den Briefen, die Kolbe seinem jüngeren Bruder schrieb, hatte er nicht viel Zeit am Fenster seines Abteils verbracht. Er schrieb nämlich weder ein Wort über die Landschaften noch über seine Eindrücke beim Wiederbetreten Polens, dem Land, das er als Österreicher verließ und als Pole wiedersah. Das Einzige, was ihn interessierte, waren die Menschen und ihr Seelenheil, was ihn in einen ständigen inneren Ausnahmezustand versetzte. Zwischen Rom und Bologna unternahm er es, einen jüdischen Stoffhändler davon zu überzeugen, dass der Messias gekommen sei, dass dieser Jesus Christus heiße, dass die heilige Mutter Maria Jungfrau sei und dass das Jenseits wirklich existiere. Hierauf folgte der restliche Katechismus, dem mit der Wundertätigen Medaille Nachdruck verliehen wurde, die der Empfänger zu tragen versprach. In Bologna stiegen alle aus. Der Jude, der auch nicht weiterreiste, wenigstens nicht im Zug, verabschiedete sich ebenfalls. Er war so gut bekehrt, dass er bereits zur Jungfrau Maria betete, sie möge ihn bekehren, wenn sie tatsächlich so gut sei, wie Kolbe sie ihm beschrieben hatte. Maximilian vertraute ihn der

Immaculata an, überlegte, ob man ihn nicht auch in die Gebete der »Marianischen Miliz« aufnehmen müsse, bestieg den Rotkreuzzug und traf dort auf einen Ungläubigen, der offen und lautstark die Existenz der Hölle vor einem wegen seiner Unverfrorenheit zu Tode erschrockenen Publikum leugnete. Für Kolbe bedeutete das Leugnen der Hölle das Abstreiten des Teufels. Wird aber bestritten, dass es einen Teufel gibt, so heißt dies gleichzeitig, den Versucher aus dem Garten Eden, die Erbsünde, das Alte Testament, die Erlösungsgeschichte und das Evangelium in Abrede zu stellen: Das war zu viel. Deshalb ergriff er das Wort und »vor der Kraft der Beweisführung«, die diskret durch die »ständige Anrufung der Heiligen Jungfrau« unterstützt wurde, gab der verstockte Sünder öffentlich die Sinnlosigkeit seiner Thesen zu. Er kehrte in sein Abteil mit der Wundertätigen Medaille am Hals zurück, so wie es der Jude tat und alle, die in Reichweite ihres unermüdlichen Spenders gerieten.

In Krakau traf Kolbe wieder mit seiner Mutter zusammen, die er seit Jahren nicht mehr gesehen hatte. »Du kannst Dir ihre Freude vorstellen«, schreibt er an seinen Bruder, »als ich unverhofft und unerwartet bei den Felizianischen Schwestern eintraf. Sie glaubte zu träumen.« Sie hatte ihre Kinder mit dem Ernst und der Strenge einer Frau erzogen, auf der die ganze Last und Verantwortung einer armen Familie lastete, und das nur mithilfe eines ergebenen, aber wenig fähigen Ehemannes, der eher den Eindruck einer Aushilfsperson erweckte. Aber sie liebte ihre Kinder. Und sie bewunderte Maximilian, der sie auch ein wenig erschreckte. Als sie 1944 von seinem Tode erfuhr, murmelte sie: »Ich wusste es, ich wusste, dass er als Märtyrer enden würde.«

Er war sanft und von freundlichem Wohlwollen; er wurde jedoch verspottet. Er hatte einen außergewöhnlichen Verstand, aber er wurde verkannt. Er war krank, aber man übertrug ihm nacheinander zwei Aufgaben, die er aufgrund seines Gesundheitszustandes nicht erfüllen konnte. Zuerst wurde er damit beauftragt, im Franziskanerkolleg zu Krakau, dessen Schüler er selbst gewesen war, Kirchengeschichte zu unterrichten. Aber er litt unter Atemnot und hustete während des Unterrichts, sodass man eine andere Aufgabe für ihn finden musste. Man ernannte ihn zum Prediger, aber er verfügte über nicht mehr Stimme, als er Atem hatte. Außerdem standen ihm noch nicht jene Mikrofone zur Verfügung, die heutzutage das kleinste öffentliche Lokal mit dem Knistern und Knacken verschreckter Heuschrecken erfüllen. Er war Gegenstand nicht geringen Erstaunens, dem das geringe Mitleid der Mitbrüder galt, einem Jungen gegenüber, dem man zu gewissen Zeiten nur noch wenige Monate zu leben gegeben hatte, da er an Migräneanfällen, an Fieber und jenem Übel litt, das ihn innerlich lautlos verzehrte. Sie nannten ihn »Bruder Marmelade«, ohne dass man dabei wusste, ob sie hiermit auf die Unordnung seines Zimmers anspielen wollten, was noch harmlos gewesen wäre, oder auf die langsamen und weichen Bewegungen, mit denen er die Messe zu lesen pflegte, um seinen Organismus zu schonen. Weitaus ernster wäre ihre Haltung gewesen, wenn sie die Sanftheit seiner marianischen Devotion erkannt hätten, die er ihnen gegenüber immer gar zu gern an den Tag legte – wie gut mit Marmelade bestrichene Brötchen. Sie machten sich über seine überzogenen marianischen Ambitionen lustig, über seine Ehrfurcht vor der *Immaculata*, die ihnen absurd und theologisch gsehen nicht gut fundiert vorkam. Ein Träumer – ein etwas einfältiger Fantast? So ungefähr sah das Bild aus, das sie sich von dieser geistlichen Zeitbombe machten, deren Zündschnur bereits am Glimmen war.

Vielleicht ist es so, weil ein Großteil der Christen seit Langem ihre Religion zweigeteilt haben: Zum einen ist da die Erde mit ihren Gesetzen, Gebräuchen und Konventionen, die zusammen mit einigen christlichen Moralprinzipien, denen man mit großer Nachsicht begegnet, eine vernunftgemäße Konzeption der menschlichen Existenz bildet. Zum anderen gibt es den Himmel, den man deshalb gern als »Jenseits« bezeichnet, um besser verständlich zu machen, dass er nicht von dieser Welt ist, und der – obwohl man an ihn denkt und an ihn glaubt – Gegenstand beständiger Vertagung ist. Diese Trennung zwischen Himmel und Erde, die beide innerhalb des Universums getrennt für sich existieren und die sich nur an den kirchlichen Feiertagen begegnen, bildet eine sehr alte metaphysische Katastrophe, die von den Geschichtsschreibern völlig übersehen worden ist und die zu verstehen hilft, warum es der Christenheit niemals gelang, wirklich christlich zu sein. Kolbe praktizierte diese Art der Dichotomie[4] nicht. Doch musste die vereinigende Vision dieses Mannes, der – wie wir gesehen haben –, wenn er argumentierte, gleichzeitig betete, jenen, die nicht dieselbe Anziehungskraft des Göttlichen erlebten, extravagant vorkommen. Die »Pilger des Absoluten« sind ebenso rar wie der Halleysche Komet und der Gedanke, ihm – wenn er unsere Atmosphäre durchkreuzt – zu folgen, kommt denen, die ihn betrachten, nicht oft in den Sinn.

Er konnte weder unterrichten noch predigen. Dies wird die einzige Niederlage seines Lebens gewesen sein. Auch war daran eine falsche Weichenstellung seiner Oberen schuld, denen er weiterhin unbedingt gehorchte, insbesondere – so wird es der *Advocatus Diaboli* formulieren – wenn es ihm gelungen war, sie von seinen Ansichten zu überzeugen. Allerdings war dies nicht nur bei ihnen der Fall. In einem langen Brief an seinen jüngeren Bruder lobte er den Gehorsam anhand eines Themas über die Einfachheit. Der

[4] Dichotomie bezeichnet eine Struktur aus zwei Teilen, die einander gegenüberstehen und einander ergänzen, oder eine Aufteilung in zwei solche Teile.

Ruhm Gottes sei das Heil der Seelen: Niemand wünscht dieses Heil sehnlicher als Er und nur Er weiß am besten, wie es zu verwirklichen ist. So lautet sein Wille, dem wir uns zum Heil aller und unserer selbst unterwerfen müssen. Wie können wir diesen aber erkennen? – Durch seine Vertreter auf Erden. Natürlich »kann es vorkommen, dass sie sich irren, aber wir irren uns nie, wenn wir ihnen gehorchen«, denn der Gehorsam verschafft uns den Zugang zu einer überlegenen Weisheit, die wir aus eigenen Kräften nicht erreichen können. Sei es nun dank seiner Überzeugungskraft oder aus einem anderen unerklärlichen Grunde, es ist eine Tatsache, dass die Umstände sich so verändern werden, wie es Kolbe angemessen ist.

Nachdem er vom Unterricht und von den Homilien dispensiert war, konnte er sich mit Zustimmung seiner Vorgesetzten und des Diözesanbischofs ganz seiner marianischen Mission sowie der Verbreitung jener »Miliz« widmen, die ihm so sehr am Herzen lagen. Und es gelang ihm. Die Spötter, die des Spottens zweifellos müde waren, verstummten. Von allen Seiten, aus dem Kreis seiner Mitbrüder, von der Universität, aus der Stadt oder vom Lande stießen Anhänger zu ihm. Da nicht jeder Mensch seine ganze Zeit allein dafür verwenden kann, richtete er drei unterschiedliche Stufen für den marianischen Einsatz mit wachsendem Schwierigkeitsgrad ein. Die erste Stufe war die der Sympathie und des Gebetes; in der zweiten wurde gehandelt, in der dritten wandte man, oder besser, wandte man an sich selbst unerbittlich das ganze Ausmaß der Statuten an, die er an einem Tag der Inspiration im Kolleg zu Rom verfasst hatte, was so viel bedeutet, dass man gemäß dem nachfolgend zitierten Weiheakt von sich selbst endgültig Abschied nimmt:

> »O Heilige Jungfrau, Königin des Himmels und der Erde, Zuflucht der Sünder, meine heiß geliebte Mutter, der Gott die Verwaltung seiner Barmherzigkeit anvertraut hat: Ich, X, unwürdiger Sünder, werfe mich zu Deinen Füßen nieder und flehe Dich inbrünstig an, mich ganz als Dein Eigentum anzunehmen und mit mir, mit meinem Leben, meinem Tode und meiner Ewigkeit ganz wie es Dir gefällt zu verfahren. Verfüge über mich ohne Einschränkungen ..., damit ich in Deinen reinen und barmherzigen Händen ein nützliches Werkzeug werde, um Deinen Ruhm zu mehren, ihn irregeführten oder gleichgültigen Seelen zu vermitteln und auf diese Weise die gesegnete Herrschaft des Herzens unseres allerheiligsten Jesus zu verbreiten. Denn die Gnade der Bekehrung und der Heiligung kommt mit Dir, da jede Gnade Christi durch Deine Hände geht.«

Der Erfolg der »Marianischen Miliz« war natürlich schwer zu durchschauen, aber von Anfang an waren ihre Anhänger zahlreich genug, um kurze Zeit später in den kleinen Zeitschriften Kolbes einen Triumph zu feiern. Kolbe ging unbeirrt seines Weges, ohne sich um Kritik zu kümmern. Aber auch die Tuberkulose in ihm nahm zu und setzte den Kranken heftigen Fieberanfällen aus, die von Blutstürzen begleitet wurden. Er dachte jedoch keinen Augenblick daran, sich darüber zu beklagen. Aus nicht einem einzigen seiner Briefe spricht auch nur die geringste Spur von Bitterkeit, nicht die Spur einer Anspielung auf sein ungerechtes Schicksal, das ihn schwächte, als er schon nicht mehr genügend Kraft hatte, um für die Ausführung seiner unendlich großen Ziele die Voraussetzungen zu schaffen. Im Gegenteil: Er nahm das Leiden wie eine zusätzliche Gnade, einen noch klareren Weg zu handeln, auf sich. Er suchte diesen Weg nicht um seiner selbst willen auf, denn sonst würde er ja eine weitere

Quelle der Freude bedeuten. Dass er sein Leiden ohne Murren auf sich nahm, wäre jedoch zu wenig gesagt. Er akzeptierte es vielmehr mit Dankbarkeit, denn er wusste mit der absoluten Sicherheit, die Heilige ausmacht, dass es auf dieser Erde ein heimliches Einverständnis, einen Bezug zwischen dem Leiden und der Liebe gibt. »Wenn die Gnade unsere Herzen entflammt, entfacht sie in ihnen auch einen wahren Durst zu leiden«, sagte er, »zu leiden ohne Maßen, verkannt, verachtet und erniedrigt zu werden, um durch unser Leiden zu bezeugen, wie sehr wir lieben. Denn nur das Leiden lehrt zu lieben.«

Er war ein großer Mystiker, ein Brandstifter, der alle Hölzer in Brand steckte, von den schweren Kreuzen der Krankheit bis zu den kleinen Zweigen alltäglicher Verärgerungen. Und als ihm in der totalen Entäußerung von Auschwitz nichts mehr in der Hand blieb, das er hätte verbrennen können, lieferte er ohne zu zögern die Reste seiner eigenen Person an das langsame Verbrennen durch Hunger und Durst aus.

Intermezzo

Man schickte ihn zuerst ins Krankenhaus, danach nach Zakopane, einem Höhenluftkurort, wo die Kurgäste ausgestreckt unter Glasveranden wie fragile Pflanzen ihre Tage verbringen. Die Reise dorthin, die ihm keinerlei Gelegenheit zur Kontroverse oder zu einer apologetischen Übung gegeben zu haben schien, musste für ihn langweilig gewesen sein, sah er sich doch darauf beschränkt, einen Aufkleber von der Fensterscheibe seines Abteils abzukratzen, der dort von den Missionaren einer amerikanischen Sekte angebracht worden war, welche die fast komisch zu nennende Idee gehabt hatten, ausgerechnet die Polen in Versuchung zu führen, indem sie Schmähreden gegen den Papst führten. Sein erster Brief war an seine Mutter gerichtet: »Ich bin nun an meinem Bestimmungsort eingetroffen … Möge sich der Wille Gottes erfüllen, möge meine Krankheit fortdauern, sich zurückentwickeln oder ganz verschwinden!«

Seinem Freund, Pater Pal, der in Rumänien lebte, gegenüber wurde er ein wenig deutlicher: »Nun bin ich also in den Bergen, um meine Gesundheit wieder zu erlangen. Eigentlich handelt es sich wie damals in Rom nur um einen Lungenkatarrh. Ich soll wenig zu Fuß gehen und wenn, dann ganz langsam; ich soll viele Stunden lang ausgestreckt in der frischen Luft liegen und monatelang weit vom Kloster entfernt wie ein Verbannter leben.« Besorgt erkundigte er sich nach den Kameraden der »Miliz«. Er erbat für sich nichts anderes als den Text und die Noten des französischen Kirchenliedes *J'irai la voir un jour* (»Eines Tages werde ich sie sehen«). Er erinnerte den Empfänger des Briefes an ihre gemeinsame Verpflichtung, während der täglichen Messe um die »Gnade des Märtyrertums« zu beten, und verabredete sich mit ihm im Paradies, nicht ohne seine Besorgnis darüber geäußert zu haben, ob er es überhaupt je erreichen könne, da zu viele Möglichkeiten der Gnade ungenützt blieben. All seine Briefe klangen ähnlich; ihr Tenor war einfach: »Gottes Wille ist das Beste.«

Da er nur noch einen Lungenflügel hatte, der außerdem in keinem guten Zustand war, hatte ihm sein Provinzial befohlen, alles sein zu lassen und sich nur noch seiner Gesundheit zu widmen. Er gehorchte, verfügte aber über keinen – ich möchte sagen – »Gehorsam mit System«, das heißt, er hatte von seiner Gesundheit eine andere Vorstellung als seine Vorgesetzten. Als er von den Mönchen einer anderen Kureinrichtung zum Beispiel erfuhr, dass es mit einem ihrer Kranken dem Ende zugehe, vergaß er, dass er »nur wenig und wenn, langsam zu Fuß gehen darf«. Sei es tagsüber oder bei Nacht, er rannte durch den Schnee und kämpfte gegen den Wind an, um tropfnass und mit eiskalten Händen rechtzeitig dem Sterbenden die letzten Sakramente zu bringen. »Gesundheit« bedeutete für ihn das Wohlergehen seines Nächsten.

Deshalb war er auch außerstande zuzusehen, wie sich an diesem Ort am Rande der Schatten so viele Seelen in der Leere der Skepsis verirrten oder im toten Gewässer der Verzweiflung unterzugehen drohten. Ausgerüstet mit seinem dialektischen Verstand und seinem charmanten Lächeln, war er an allen Orten, an denen ihm die Gefahren am drohendsten erschienen, ständig wie ein Feuerwehrmann der Kirche, dem das Löschen einer geistigen Feuersbrunst obliegt, auf dem Sprung. Er bekehrte Freidenker, interessierte sich für einen Juden, der ihn um die Taufe bat und sie ohne Weiteres erhielt; er brachte den Leiter einer Kuranstalt in den Schoß der Kirche zurück und belagerte das Sanatorium mithilfe junger Ungläubiger der Universität – einer Seltenheit in Polen – und es gelang ihm, es im Sturm zu nehmen. Er besetzte das Sanatorium mit einer Garnison Wundertätiger Medaillen und festigte seine Position mit Stößen von Schriften des Neuen Testamentes. Außer in dringenden Fällen geschah all dies, ohne dass er sich den langen Stunden im Liegestuhl entzog, den er dem heiligen Gehorsam gewidmet hatte.

Obwohl er sich nicht hielt, ging es ihm gesundheitlich etwas besser. Im Frühjahr 1921 rieten ihm seine Ärzte, den Sommer auf dem Land zu verbringen, und seine Oberen sandten ihn daraufhin in das Kloster Nieszawa. Der Zug, der ihn dorthin brachte, war dieses Mal nicht wie der bedrückende Konvoi von Zakopane, in dem er sich nur einen mageren Zettel unter den Daumen reißen konnte, vielmehr war es ein Zug mit allem Komfort, mit einer Karosserie wie aus dem Märchen. »Auf der Reise nach Nieszawa«, so schrieb er an einen Kameraden von der »Marianischen Miliz« in Krakau, »konnte ich mit mehreren Personen sprechen, mit einem Juden (ohne Locken), einer jungen (elegant gekleideten) jüdischen Dame, einem Katholiken aus dem Kaukasus und noch einigen anderen Menschen. Ich brachte die Unterhaltung auf ein religiöses Thema, ohne mich dann allzu sehr darum zu kümmern; ich ließ der Diskussion unter den Mitreisenden freien Lauf und beschränkte mich darauf, nur dann einzugreifen, wenn es nötig wurde, diesen oder jenen Punkt klarzustellen. Die *Immaculata* verlieh mir die nötige Klarheit und alles lief gut. »Kurz bevor der Zug an seinem Bestimmungsort ankam, ergriff er das Wort, fasste das Gesprochene zusammen, schloss mit einem kurzen Resümee, in dem er von den Naturgesetzen bis zur Auserwählung Israels, vom Protestantismus bis zum Katholizismus einen Bogen schlug. Zum Schluss sagte er, dass das Gebet die beste Methode sei, um zur Wahrheit zu gelangen.

Jeder war zufrieden: die Juden, weil sie Auserwählte waren, und der Protestant, weil er nicht verdammt wurde. Beim Aussteigen aus dem Zug ließ ihn der kaukasische Katholik im Namen der kleinen Reisegesellschaft die Zufriedenheit aller wissen. So etwa sah Kolbes Methode und seine Vorstellung vom Reisen aus.

In Nieszawa musste er zuerst einer großen Versuchung widerstehen, denn ganz in der Nähe des Klosters gab es eine Schule, in der vierhundert Kinder ohne religiöse Betreuung sich völlig selbst überlassen waren. Die »heilige Gehorsamspflicht«, derer er sich nun manchmal doch entsann, verbot ihm, sich ihrer anzunehmen. Solange er nicht genesen war, hatten es ihm seine Vorgesetzten untersagt, sich solcher permanent existierenden Aufgaben anzunehmen. Er musste also die Qualen des Tantalus oder jenes gutartigen Menschenfressers aushalten, der jeden Tag an einem Vorrat nicht erreichbarer Däumlinge vorbeigeht. Vielleicht stellte er seinen Liegestuhl deshalb in die Nähe eines protestantischen Pastors, um sich dafür zu entschädigen. Er attackierte den Pastor mit hintergründigen Fragen über die Heilige Schrift, so insbesondere über die Texte der Vorrangstellung des heiligen Petrus, also den Primat des Papstes. Er formulierte seine Fragen so gut, dass ihm der andere die Tür vor der Nase zuschlug, was Kolbe nicht daran hinderte, durch die Hintertür wiederzukommen. Es schien, als ob die ersten Verteidigungslinien des Pastors noch nicht überwunden waren, als Letzterer erfuhr, dass Kolbe gestorben sei. Die Nachricht vom Tode Kolbes hatte – man weiß nicht wie – auch Rom erreicht, zur großen Betroffenheit von Rektor Ignudi, einem ausgezeichneten Mann, der sicherlich als Erster verstanden hatte, welche Art Vogel das altehrwürdige internationale Kolleg unter seinen serafischen Flügeln ausgebrütet hatte. Er ließ sofort eine Messe für die Seelenruhe des Verstorbenen lesen und trug folgenden Satz ins Kollegregister ein:

»14. Juni: Heute ist ein Requiem für Pater Maximilian-Raimund Kolbe gesungen worden, der an der Phthisis verstorben ist … Er war ein Engel, ein junger Heiliger, voller Eifer und Begeisterung. Er war einer der besten Schüler, den dieses Kolleg je gehabt hat.«

Aus der Lücke, die aufgrund des ungewissen Datums des Todestages zuerst bei dieser Eintragung ausgespart blieb, lässt sich aus dem mit frischer Tinte dann nachgetragenen Ausruf des guten Rektors alles über das Ausmaß seines Kummers und seiner Freude entnehmen: »Falschmeldung: Er ist *nicht* tot!«

Der Aufschwung

Er war nicht nur nicht tot, es ging ihm dank der guten Luft und einem Pneumothorax, von dem er kein Wort sagte, besser; der Einkreisung seines Pastors gab er den letzten Schliff. Er berichtete nach Rom, um sein Nochvorhandensein zu manifestieren, und schrieb auch an seinen jüngeren Bruder, der ihm treuherzig bekannte, dass er sich dem priesterlichen Ideal dann sehr nahe fühle, wenn er von ihm spreche, und sehr weit von ihm entfernt, wenn er Kolbes Briefe lese. Diese Briefe Kolbes waren nicht von der Art, einem lieben und einfachen Mönch Hoffnungen zu machen. Je weiter man zum Unendlichen vordringt, desto mehr entfernt sich das Ziel. Dies ist die erste Feststellung, die der Anwärter auf Heiligkeit machen muss, wenn er sich vormacht, angekommen zu sein, ehe er abreist. »Ich wünsche Dir«, so schrieb Maximilian an seinen Bruder Josef zu dessen Geburtstag, »dass Du die geistige Reife Deines Schutzpatrons erreichst oder, wenn Gott will, ihn sogar übertriffst, weil ja in allem immer auch ein Fortschritt möglich ist. Soll ich Dir auch seine Leiden wünschen? Ohne ihr Feuer entflammt sich die Seele nämlich nicht, glänzt sie nicht, sondern fällt in den grauen Alltag der Anonymität zurück.« Maximilians Nachrichten wirkten auf Josef wie eine kalte Dusche: »Es genügt, dass Du mir schreibst«, antwortete er seinem Bruder, »und schon komme ich mir wie am Fuße der Leiter vor.« Man sieht die Enttäuschung des Kindes, das bereits mit dem Ring seines Glorienscheins spielte und nun auf seinen Platz zurückverwiesen wird. Aber er ließ sich nicht entmutigen, denn er war ein kräftiger junger Mann. Vielleicht hätte man auch aus ihm einen Heiligen gemacht, wären die Blicke, die sich auf ihn richteten, später nicht durch das Wetterleuchten, das von dem Phänomen Maximilian Kolbes ausging, geblendet worden.

Kurz vor Weihnachten 1921 erhielt Kolbe, geheilt oder nicht, die Erlaubnis, nach Krakau zurückzukehren. Er kehrte in den Schoß der Franziskaner mit einem Projekt zurück, das innerhalb des Ordens unterschiedliche Begeisterung hervorrufen sollte. Die Rollen des apostolischen Hausierers und zufälligen Gesprächspartners in einem Eisenbahnabteil genügten ihm nicht mehr. Er wollte die große Öffentlichkeit erreichen und eine Zeitung ins Leben rufen, so wie man ein Netz auswirft. Am Anfang sollte es sich natürlich um kein starkes Schleppnetz handeln, sondern allenfalls um ein Wurfnetz bescheidenen Ausmaßes, kurz um eine kleinere Zeitschrift, deren Konzeption er bereits skizziert hatte. Es sollte eine Zeitschrift mit nur wenigen Seiten werden, mit allerbilligstem Papier, reduzierten Herstellungs- und keinerlei Redaktionskosten. Ihr Titel war so romantisch, dass er jedem Werbeagenten die Lust nehmen würde: *Der Ritter der Immaculata* (auf Polnisch: *Rycerz Niepokalanej*). Neben anderen Aufgaben sollte diese Zeitschrift die Rolle des Verbindungsoffiziers zwischen den verschiedenen Zentren der *Militia Immaculatae* übernehmen. Im *Ritter* sollte von Politik nicht die Rede sein; diese Arena war nichts für ihn, denn darin fehlte es gar zu sehr an Neutralität und Generosität. Vielmehr sollte der *Ritter* sich mit philosophischen Fragen, mit nicht zu Ende geführten Argumenten, mit der Lüge als der schlimmsten der Hypothesen und mit pauschalierten Missdeutungen der Zeit befassen.

Anstatt in einem Sumpf von Aktualitäten zu waten, sollte der *Ritter* zur Aufgabe haben, seinen Lesern jenes Bild von Gott näherzubringen, das die einen schon immer in sich tragen, ohne es klar unterscheiden zu können, und die anderen, ohne es zu wissen. Für die von den vereinten Kräften des Materialismus und der Ideologien verschleierten Gemüter gab es keine andere Rettung als den Glauben. Diesen würde der *Ritter* ihnen predigen, und zwar in der traditionellen Sprache des Rittertums, nämlich dem Gebet und der Ehre. Was nun die redaktionelle Form des *Ritters* betraf, so sollte sie ohne eitle Kompliziertheiten sein. Kolbes diesbezügliche Instruktionen an seine Mitarbeiter waren kurz und klar: »Schreiben Sie nichts«, wird er eines Tages zu ihnen mit der ihm eigenen gefährlichen Naivität sagen, »was nicht auch von der Jungfrau Maria unterschrieben werden könnte.«

Er sollte Schwierigkeiten begegnen. Die Presse galt in jenen Tagen in den Kreisen des Klerus als ein unsauberes Kommunikationsmittel. Es ging gerade noch an, Bücher zu schreiben, auch wenn schon dies eine zweifelhafte Handlung war, die vorsichtigerweise nur unter einer ihr übergeordneten Kontrolle ausgeübt werden sollte. Aber eine Zeitung! Diese gedruckten Worte, die bleiben und Macht besitzen; dieses fliegende Plakat, in dem so viel Märchen verkündet werden, dass das Behältnis zum Synonym des Inhaltes wird! Dieses Vehikel der Freigeisterei, dieser Almanach des Teufels und Brevier der Belanglosigkeiten! War es zulässig, dass ein ehrlicher Franziskanermönch seine Energien in ein solch unwürdiges Medium vergeudete? Die älteren Klosterbrüder gaben auch zu bedenken, dass der heilige Franz von Assisi keine Zeitung besaß. Aber Kolbe dürfte wohl für sich gedacht haben, dass er auch kein Fahrrad besessen hatte und er gewiss keine Mittel ungenützt gelassen hätte, mit denen er das Evangelium so weit wie möglich hätte verbreiten können. Die Oberen fürchteten vor allem, dass der Orden eines Tages die Schulden zu begleichen hätte, die Kolbe unweigerlich machen müsste. Sie ließen ihn daher wissen, dass sie sein Unternehmen weder finanzieren noch

Schulden abdecken würden, und danach ließen sie ihm freie Hand.

Kolbe organisierte eine Kollekte, redigierte zwölf der sechzehn Seiten der ersten Ausgabe der Zeitung und ließ sie mit fünftausend Exemplaren drucken, die er auf den Straßen verteilen ließ. Der Text war ein Loblied auf Maria und passte eher zu einem Votivbild der Heiligen Jungfrau als zu einer Zeitschrift metaphysischen oder moralischen Inhalts. Während seines ganzen Lebens wird sich Kolbe auch nicht ein einziges Mal die Frage stellen, die erfolglose Missionare verfolgt: »Welche Sprache muss ich sprechen, um vom Mann auf der Straße gehört zu werden?« Solche Sorgen waren ihm fremd. Er wiederholte vielmehr nur das, was ihm sein Herz eingab, und die Herzen der anderen Menschen verstanden ihn. Leser schrieben ihm, schickten ihm Geldgeschenke, die sofort in Gratisabonnements für diejenigen umgewandelt wurden, die mittellos waren. Die Auflage erhöhte sich und entsprechend den Voraussagen der Skeptiker leerte sich die Kasse. Auf diese Situation hatte Kolbe nur eine Antwort: Er blieb nach der Messe noch lange im Gebet versunken, und als er die Augen hob, sah er auf dem Altar einen Beutel mit folgender Aufschrift: »Für meine liebe Mutter, die *Immaculata*«. Es war genau das Geld, das er brauchte, um seine Rechnungen bezahlen zu können. Die Botschaft war allzu deutlich, als dass man ihm nicht hätte gestatten müssen, das Geld für seine Zwecke zu verwenden. Ich glaube, es war nach diesem Vorfall, dass er den Entschluss fasste, auf den Boden einer alten Pappschachtel, die ihm als Kasse diente, das Bild des seligen Josef Benedikt Cottolengo aufzukleben, mit der Auflage, so wenig wie möglich sichtbar zu werden. Als Gründer eines karitativen Werkes für Behinderte hatte Cottolengo das Führen eines Bankkontos verboten. Seine Zufluchtsorte mussten von der Hand in den Mund leben, keiner seiner Schützlinge durfte sich um den nächsten Tag sorgen. Für Kolbe war dies der rechte Mann, um die Pappschachtel auffüllen zu helfen.

Derartige mit *Fioretti* ausgeschmückte Methoden kommen beim *Advocatus Diaboli* nur halb an. Er findet es bedauerlich, dass wir die Anekdote mit dem Geldkuvert vom Betroffenen selbst erfahren, den er bezüglich den der Jungfrau Maria zugedachten Subventionen lieber diskreter gesehen hätte, nachdem er sich leider bezüglich ihrer Erscheinungen äußerst diskret verhalten hatte. Auch akzeptierte er die auf schierem Zufall beruhende Art und Weise nicht, wie Kolbe sein Unternehmen leitete. Wie es seine Pflicht ist, ist der Anwalt anspruchsvoll. »Ich bin beauftragt, selbst Engel zu läutern«, pflegte er zu sagen.

Wenn ich an sein Läuterungsverfahren denke, kommt mir eher derjenige in den Sinn, der in Kana sechs riesige Krüge Wasser in Wein verwandelte, nachdem die Hochzeitsgäste bereits den Keller geleert hatten, ein Mangel, an dem fehlende Enthaltsamkeit schuld gewesen sein dürfte; oder aber er stellte seinen Jüngern das Gleichnis von den Lilien im Felde vor, »die weder spinnen noch arbeiten«, was eine Unvorsichtigkeit war, und ich frage mich, ob es uns vor diesem strengen und nüchternen Gericht, vor dem über die Sache der Heiligen debattiert wird, heute wohl gelänge, Jesus Christus selbst heiligzusprechen.

Trotz seines neuen Kassierers, der tat, was er konnte, hätte Kolbe die Drucker nicht mehr lange bezahlen können, hätte ihm nicht ein amerikanischer Priester, dem Kolbes Ideen gefielen, einen Scheck über einhundert Dollar ausgestellt, der ihm gestattete, von den Barmherzigen Schwestern eine alte, manuell zu bedienende Rotationsdruckmaschine zu kaufen. Den Schwestern fehlte die physische Kraft für ihre Bedienung, da für jede Druckseite mehrere Umdrehungen des Handhebels notwendig waren. Die schwerfällige Mechanik der Presse erschöpfte selbst die robustesten mit der

Rotation beauftragten Brüder. Trotzdem kam bald noch eine Setzmaschine hinzu, die ihm, wie es sich gehört, am Festtag der »Unbefleckten Empfängnis« wie vom Himmel geschenkt wurde. Mit den vielen Tintenkolben und Papierrollen, dem Kommen und Gehen seiner Auslieferer, Lieferanten, Briefträger und Leser, seinen Schmökern, Handbüchern und anderem Papierkram wurde Kolbes Unternehmen bald platzraubend und störend.

Man versetzte ihn nach Grodno, einem Winkel Polens, wo sich die Natur wenig verschwenderisch zeigt, in ein Kloster, das vom Zerfall bedroht war. Ohne sich zu beklagen, reiste er mit zwei Brüdern ab, von denen einer ein guter Arbeiter an der Rotationsmaschine war, der aber weder schreiben noch lesen konnte und außer Barmherzigkeit und Nächstenliebe nichts wusste und verstand. Zwei Tage nach seiner Ankunft schrieb Kolbe seiner Mutter und erzählte ihr, wie ihm ein Jude, als er im schwachen Schein der Bahnhofslaterne sein Brevier zu lesen versuchte, eine Kerze schenkte: Das Alte Testament erleuchtet das Neue, eine treffende Allegorie, die noch zu malen wäre. Dem Juden wurde mit dem Versprechen gedankt, dass er bei der Messe nicht vergessen werde.

Als seine Mutter sich um seine Gesundheit besorgt zeigte, konnte Kolbe sie beruhigen. Dem Kloster zu Grodno kam die gute Landluft zugute; außerdem lag sein Zimmerchen gen Mittag auf der Südseite; manchmal schien die Sonne auch auf diesen Landstrich. Immer wird Kolbe darum bemüht sein, denen, die er liebt, zu versichern, dass es ihm gar nicht besser gehen könnte, dass es ihm dort, wo er gerade ist, sehr gut geht. Hätte man ihn ins Packeis geschickt, so hätte er auch von dort die Vorzüge der Iglus oder die Vorzüge, den Pinguinen zu predigen, gelobt. »Die Leute hier sind gut«, schrieb er an seine Mutter. Auf alle Fälle lieferte ihm das entvölkerte Kloster von Grodno ohne Schwierigkeiten die Räumlichkeiten, die er für seine Druckerei, seine Papierrollen, sich selbst und seine Verbündeten benötigte. Es blieb nun nur noch übrig, abzuwarten, ob dem *Ritter*, der seine Feuerprobe in den Straßen Krakaus bestanden hatte, auch die »gute Landluft« guttun würde. Man kann den Erscheinungsort einer Zeitung nicht um sechshundert Kilometer verlegen, ohne dass sie an Lesern verliert.

Das Gegenteil traf zu: Die Auflage hörte nicht auf zu wachsen. Innerhalb von vier Jahren stieg sie von fünftausend auf sechzigtausend Exemplare. Später, als auch das Kloster von Grodno zu klein geworden war, betrug die Auflage des *Ritters* mehrere hunderttausend Exemplare, die Nebenveröffentlichungen nicht mitgerechnet. Allerdings geschah dies um den Preis nicht weniger Entbehrungen. Anfänglich besaß die kleine Mannschaft nur einen Mantel und ein Paar Schuhe, die sie sich zu dritt teilen mussten; diejenigen, die nicht ausgehen mussten, gingen im Kloster barfuß. An dieses Kloster mussten sie übrigens für ihre Unterkunft und Verpflegung einen Pensionspreis entrichten. Daneben mussten Kolbe und seine Rotationsdrucker auch noch ihre Aufgaben als gute Konventualen erfüllen und ihren Teil zum Priesteramt der Pfarrei beitragen, für welche die Franziskaner verantwortlich waren. Man weiß nicht, wie Kolbes Gebrechlichkeit einem solchen Regime standhielt. Aus seinen Briefen erfahren wir nichts darüber. Seinem Bruder, der sich bei ihm, ehe er wieder zu ihm kam, nach seiner Gesundheit erkundigte, antwortete er kurz und bündig, dass ihm wegen seines Fiebers oft der Kopf zu zerspringen drohe, er aber keine Zeit habe, sich darum zu kümmern. Was ihn Tag und Nacht, mit oder ohne Kopf, beschäftige, sei der *Ritter*, der eine Schlacht um die andere schlage. Kolbe interessierten seine Maschinen, seine Druckmaterialien, die Kilogramme und später die Tonnen von Papier, sein Dieselmotor, mit dem es ihm möglich war, das Kloster (zum Ruhme der *Immaculata*) zu beleuchten, seine zahlenden Abonnenten oder solche, die den Abonnementspreis noch schuldig waren, was tat das schon zur Sache? Der selige, in seiner Schachtel mit Inflationsgeld zugedeckte Cottolengo (die Polnische Mark verlor damals an Wert, solange man sie auf dem Ladentisch in der Hand hielt) würde sich darum kümmern. Kolbe interessierten seine Postulanten, die sich zahlreicher denn je an der Klosterpforte einfanden, um das mit ihm zu teilen, was nur er ihnen geben konnte, nämlich nichts und Gott.

Diese Kargheit und Einfachheit, die selbst noch die allen Polen ohnehin auferlegten Einschränkungen bis zur Bedürftigkeit verschärften, haben weder Bitterkeit noch Melancholie ausgelöst. Menschen, die den Mut haben, sich von jeglichem sozialen und materiellen Ehrgeiz zu lösen, und die über genug praktischen Sinn für das Göttliche verfügen, um sich selbst mit dem nötigen Gleichmut zu betrachten, entwickeln ein Empfinden von Freiheit, das der Welt unbekannt ist. Wenn ein seiner selbst entledigter Trappist, der sich mit abgekochtem Gemüse schlecht ernährt, in die Arbeit und in den Dienst für Gott eintritt und im Vorbeigehen seine Kapuze hebt, dann schenkt er uns dabei ein Lächeln. Auch Kolbe war nicht von jener düsteren Laune, die man den Suchern nach dem Unendlichen gewöhnlich anlastet. Vielmehr kam es vor, dass er seinen Gefährten Anekdoten aus seinen Warschauer Tagen erzählte, wo sich die Polen mit Geschichten über die Enttäuschungen ihrer Historie trösteten. Dann inventarisierte er das Himmelsgewölbe oder bezauberte sie mit irgendeinem wissenschaftlich angehauchten Märchen, das seiner unermüdlichen Vorstellungskraft entsprang. So erzählte er ihnen zum Beispiel einmal, dass auch das Universum ein Gedächtnis habe, in welchem wir dank der zunehmenden Schärfe unserer Forschungsinstrumente eines Tages wie in einem Geschichtsbuch blättern könnten.

Dann würden wir auch Christus sehen, so wie er einstmals auf der Erde gelebt hatte.

Es war aber nicht seine Begabung als Schriftsteller von Science-Fiction-Romanen, welche die Jugend anzog, sondern es war sein Glaube, der ein grenzenloser Raum war, in dem sich sein Verstand bewegte wie in einer Luft, die man nur beim Beten atmet; es war der direkte und offene Redestil seines Apostolats. Er hatte nämlich nichts mit jenen modernen Theologen gemeinsam, die regelmäßig ihre die christliche Lehre betreffenden Unsicherheiten anprangern. Die Religion war für ihn die Antwort auf die dreifache Frage zu Gauguins Gemälde: »Wer sind wir? Woher kommen wir? Wohin gehen wir?« Gemeinsam mit der Kirche antwortete Kolbe, dass wir Kinder Gottes sind, dass wir durch die Sünde mit knapper Not seiner schöpferischen Liebe verlustig wurden und dass wir zu Ihm mit der Hilfe Christi und Mariens zurückkehren können. Die jungen Patres von Krakau versagten es sich nicht, sich mehr oder weniger offen über Kolbes extravagante Naivität, seine unbedeutenden Werke und seinen *Ritter* zu mokieren, der Don Quichotte viel zu ähnlich war, als dass er zu den großen Debatten der modernen Welt hätte zugelassen werden können, die sich wie jene mächtigen Trichter des Himmels, die wir »schwarze Löcher« zu nennen pflegen, um das Nichts drehen. Sie strebten nach *Intelligentsia,* die definitionsgemäß unerreichbar ist, die sich eingemauert sieht in ihren Verweigerungen, zu bewundern, zu glauben, anzubeten und zu verehren, sicher gegen die Träger der Tonsur hinter den Schießscharten des Zweifels verbarrikadiert. Wie könnte man diese Geister erreichen und beeinflussen, die ständig zum Leugnen der Vernunft bereit sind und die, wenn sich diese als zu lästig und beengend erweist, sich notfalls sogar selbst verleugnen, wenn es darum geht, sich ihrer eigenen Logik zu entziehen? Während die jungen Patres von Krakau solche Gedanken hegten, dachte Kolbe an die Seelen, die das erschreckende Zurückweichen des Christentums ihrer geistigen Dürre und Verlassenheit überließ. So wie man sich ins Wasser stürzt, um seinen Nächsten zu retten, so warf er sich ihnen entgegen, ohne zu fragen, ob er dadurch brilliere.

Es scheint, dass er in Grodno mehr Verständnis als in Krakau fand. Auf jeden Fall wurden ihm in Grodno Sticheleien und Spott erspart. Sein Vorgesetzter war während der kurzen Zeit, die ihm noch zum Leben blieb, sein Verbündeter. Einige alte Patres schätzten jedoch das geräuschvolle Durcheinander seiner apostolischen Sendung nicht allzu sehr und fragten sich – sei es im Stillen oder laut –, ob es wohl angezeigt sei, einen Tuberkulosekranken unter sich zu beherbergen. Aber seine Krankheit war nur für ihn allein gefährlich. Im Jahr 1926 waren alle, außer ihm selbst, aufgrund eines Rückschlages beunruhigt. Der Provinzial der Franziskaner schickte ihn nach Zakopane zurück. Aus schierem Gehorsam ging er hin, »voller Scham, sich auszuruhen, wenn die anderen schuften«, wie er sagte. In den Briefen an seinen Bruder Josef, der vom Provinzial dazu bestimmt wurde, ihn in Grodno zu vertreten, und der es trotz seiner Schüchternheit und Demut akzeptierte, einen Posten anzutreten, dem er sich – zu Unrecht – nicht gewachsen glaubte, sprach er von seiner »Miliz« und von seinem *Ritter*, von den automatischen Falzmaschinen und von der Typografie. Er sprach auch von jenen Vätern, welche die Entwicklung seines Unternehmens mit dem Vorwand der Unrentabilität aufhalten wollten, was bei ihm eine Art heiligen Zorns auslöste: »Wie kann man sich nur mit Rentabilität befassen, wenn die Welt untergeht?« Er sprach von seinem älteren Bruder Franz, dem es im Kloster nicht gut ging, der aber draußen auch nicht besser dran war. Er hoffte, er möge eine gute Beichte ablegen, was nicht eintraf. Er erzählte vom heiligen Antonius von Padua, der dem seligen Cottolengo Zlotys schickte.

Und er berichtete von tausend anderen Dingen, nur nicht von seiner Gesundheit, es sei denn in Form kurzer Anmerkungen wie: »Das Fieber hindert mich, Dir mehr zu schreiben«, oder: »Ich bin dicker geworden, ich habe sogar eine rosige Gesichtsfarbe bekommen, nur das Fieber hält immer noch an«, oder: »Die Heilige Jungfrau soll tun, was sie für richtig hält; ich, meine Gesundheit und meine Krankheit sind ihr Eigentum, stehen ihr ganz zur Verfügung.« In vierzig oder fünfzig Briefen machte er nur eine einzige Bemerkung über das Klima; die Sonne über Zakopane sei nicht gerade von exemplarischer Ausdauer; die Höhenlage gestatte es vor allem, die Wolken aus der Nähe zu betrachten.

Nach einem Jahr der Pflege und dank der täglichen fünf Stunden auf der »Veranda«, wo er den Wolken ausgesetzt war, fühlte er sich kuriert oder wurde als geheilt angesehen. Er kehrte über Tschenstochau nach Grodno zurück.

Aus den Augenzeugenberichten zu diesem Teil seines Lebens, die nur Günstiges über ihn zur Sprache bringen, konnte der *Advocatus Diaboli* nichts Verwertbares entnehmen, auch nicht aus den Untersuchungsberichten, die kaum Nennenswertes mitteilten.

Die Statue der Muttergottes

Trotz ständiger Anbauten, die nicht selten Behelfsmaßnahmen waren, war es für Kolbes Mannschaft in Grodno schließlich zu eng geworden. Man musste neue Räumlichkeiten hinzukaufen, was die Kräfte des seligen Cottolengo überstieg. Es musste ein für Baracken geeignetes Grundstück gefunden werden, nach Möglichkeit in einem Gebiet, das für den Vertrieb einer Zeitung besser geeignet war. In der Nähe von Warschau, am Rande des Gutes des Grafen Lubecki, bot sich eine solche Gelegenheit. In dem von mir bereits zitierten Buch Maria Winowskas wird uns von den subtilen Wechselfällen dieser Anschaffung berichtet. Kolbe fand sich dort mit einer kleinen Marienstatue unter dem Arm ein. Da er die Örtlichkeiten für geeignet hielt, stellte er die kleine Statue auf, indem er sie als beteiligte Person in Gedanken dazu aufforderte, von dem Ort Besitz zu ergreifen. Danach eilte er zum Gutsverwalter, der den Verkaufspreis festsetzte. Dieser war für die Mittel in der Pappschachtel zu hoch, leider auch für den Orden selbst, der zudem nicht bei Kasse war. Der Ordensprovinzial ließ Kolbe dies wissen, der ohne das geringste Zeichen von Enttäuschung – denn alles war ja nur eine Sache des göttlichen Willens – den Grafen am nächsten oder übernächsten Tage um eine Unterredung bat, um diesem sein Bedauern darüber auszudrücken, dass er das mit seinem Verwalter besprochene Geschäft nicht tätigen könne.

Ehe er seinen Besucher wieder hinausgeleitete, stellte Graf Lubecki, den eine schicksalhafte Eingebung bewegt haben mochte, die verhängnisvolle Frage:

»Was soll ich mit der Statue machen?«

»Lassen Sie sie dort, wo sie ist«, antwortete Kolbe.

Dies war eine Handlung, die man beim Bridge »Squeeze« und beim Schachspiel einen »Zugzwang« zu nennen pflegt, eine jener Situationen, aus denen man nicht mehr herauskommt, ohne die Partie sofort verloren zu haben. Die Heilige Jungfrau zu vertreiben, sie auszustoßen, ist für einen Polen unerträglich. Wie konnte man aber, ließ man sie laut Kolbes Rat auf ihrem Platz, an ihr vorbeigehen, ohne zu denken, dass man ihr einmal den Aufenthalt verwehren wollte? Ebenso gut konnte man sich selbst dazu verurteilen, nie mehr im Leben ein einziges »Ave Maria« zu beten. Graf Lubecki fasste einen Entschluss, der ihm von seiner Frömmigkeit, seiner Vernunft und seiner Großherzigkeit gleichermaßen diktiert worden war: Er überließ Kolbe das Grundstück unentgeltlich.

Fortan wird dieser Ort »Niepokalanów«, die »Stadt der Unbefleckten«, genannt werden. Dort wuchsen nur wenige Rüben, die zur Nahrung reichen mussten, während die leichten Bretterhütten errichtet wurden (»denn solide Konstruktionen schwächen die Tatkraft und die Begeisterung«, sagte Kolbe). Die Bretterhütten waren für die Maschinen, die Redaktion, die Verwaltung, den Klosterbetrieb und die Marienstatue bestimmt, die ganz allein den Kauf des Grundstücks bewerkstelligt hatte. Die Bauern aus der Umgebung gingen den arbeitenden Mönchen, deren Mut und Anspruchslosigkeit sie erstaunten, gern zur Hand; mit ihren geringen Mitteln trugen sie auch zur Verbesserung des täglichen Lebens der Klostergemeinschaft bei, das oft auf Brot und Wasser reduziert war.

Es gibt keinen einzigen Brief Kolbes, in welchem er über die Anfänge der »Stadt der Unbefleckten« berichtet. Er schrieb höchstens an Postulanten, um ihnen Hinweise über ihre Aussteuer und den Standort des Klosters zu geben, das in einiger Entfernung vom Bahnhof, nicht weit vom Geburtshaus Chopins lag und das über keinen Glockenturm verfügte, mit dem es auf sich aufmerksam machen konnte. Sein bemerkenswertester Brief ist an seinen Provinzial in Llow adressiert. In ihm erklärte er das Scheitern zweier Klosterkandidaten, von denen der eine »eine sehr schöne Handschrift hatte« und der andere »dichten konnte«. Beide seien zu ihm gekommen, weil sie sich ein normales Klosterleben gewünscht hatten, aber nicht so recht verstanden hatten, dass sie in den Bretterhütten Niepokalanóws eine heroische Existenz, »so wenig heldenhaft sie auch sein mag«, zu führen hätten, und wo sie nicht nur wie gute Mönche leben sollten, sondern für die *Immaculata* »eine Seele nach der anderen, einen Vorposten um den anderen erobern sollten, wo sie die Standarte Marias auf die Masten der Tageszeitungen, der Zeitschriften, der Sendeantennen, der Institutionen, Theater, Kinos, Parlamente und Senate, kurzum der ganzen Erde pflanzen sollten und gleichzeitig darüber zu wachen hatten, dass niemand sie wieder herunterreißt«. Danach wurde sich Kolbe des Eindruckes doch bewusst, den seine Worte auf seinen Ordensprovinzial wohl machen würden, dem nicht »die ganze Welt« zur Verfügung stand, und er fuhr fort: »Vielleicht übertreibe ich ein bisschen«, fügte aber sofort hinzu, dass es notwendig sei zu übertreiben, wolle man nicht in die Mittelmäßigkeit zurückfallen. Man glaubt hier vorzeitig den berühmten Slogan aus dem Monat Mai des Jahres 1968 zu hören: »Seid Realisten, verlangt das Unmögliche!«

Diese mit Wellpappe bedeckten Bretterhütten auf ihrer Geländewelle waren wie eine Flottille der Arche Noah, in die man in aller Eile anstelle von Waren moralische Werte an Bord nimmt, weil Letztere von der dreimal so großen, weil ideologischen, rassistischen und totalitären Sintflut bedroht sind. Anstelle von Tauben wird die Mannschaft bald

Tausende und Abertausende Papiervögel über Polen fliegen lassen, die unzähligen Exemplare ihrer Zeitschriften und Periodika nämlich, deren Material im Vorübergehen gesammelt und deren Ideen von den 200 000 Anhängern jener »Marianischen Miliz« propagiert wurden, an die niemand, selbst ihre Gründer nicht – ausgenommen Kolbe –, je geglaubt hatte. Die Installationen wurden moderner, die Bretterhütten länger, die Kapelle wurde vergrößert. Im Jahr 1930 führten dort einige Hundert Mönche und Klosteranwärter ihre »heroische Existenz, so wenig heldenhaft sie auch sein mag«, wie es Kolbe seinem Provinzial gegenüber ausgedrückt hatte. Einige hielten durch, andere gingen oder flohen. Aber am Vorabend des Zweiten Weltkrieges waren es mehr als siebenhundert. Ich weiß nicht, ob die Benediktinerabtei Cluny trotz all ihrer mittelalterlichen Pracht und Herrlichkeit je so viele Mönche zählte. All dies wurde ohne Geldmittel und ohne Kollekte, auch ohne eine sogenannte »Marktanalyse« bewerkstelligt, die heutzutage ja für alles oder nichts, auch in der Kirche, durchgeführt zu werden pflegt. Ihr einziges Kapital war der Glaube. Kolbe stellte sich über die Welt keine Fragen und gab sich keine Mühe, sie durch irgendeine jener neuartigen Doktrinen in Erstaunen zu versetzen, die in pompösen Abhandlungen mit dem Vorwand verpackt sind, tiefschürfend zu sein, den Leser stattdessen aber ins Bodenlose führen. Es hätte ihn übrigens Mühe gekostet, so zu reden, denn von den Zeugen aus seinem Prozess erfuhren wir, dass es ihm an Eloquenz fehlte und dass er leicht von einer reservierten Zuhörerschaft aus der Fassung gebracht werden konnte, die von ihm eine schöne Predigt und schöne Worte hören wollte, die dann nicht kamen. Wenn er dann schließlich von dem, was ihm am Herzen lag, reden konnte, das heißt von Maria und jener Liebe, die sie auserwählt hatte, lange bevor sie selbst existierte, um das Evangelium ins Leben zu rufen, dann unterlagen seine aufmerksam gewordenen Zuhörer seinem ungewöhnlichen und seltsamen Einfluss. Nach und nach achteten sie weniger auf seine Worte, aber vielmehr auf sein strahlendes und leuchtendes Gesicht.

Die große Rundreise

Die »Stadt der Unbefleckten« entwickelte sich zusehends, und Kolbe, der in ihr bereits eine Rundfunkstation installiert hatte, trug sich mit dem Gedanken, sie auch mit einem Flughafen auszustatten. Aber er verlor auch jene andere Welt nicht aus den Augen, in der er die Banner seines Glaubens aufzupflanzen hatte. Der Osten zog ihn an, so wie es vielen der großen religiösen Geister ergangen war, die von diesen Erdteilen und Völkern angezogen wurden, die, ehe sie unergründbar wurden, unbekannt waren, und die dem Christentum einen Widerstand gleich glattem Porzellan entgegensetzten. Vielleicht kam in ihm dieser Wunsch auch nur deshalb auf, weil er in einem Zug vier japanische Studenten getroffen hatte, die ihm im Austausch zu seinen unvermeidlichen »Wundertätigen Medaillen« vier kleine Elefantenfiguren geschenkt hatten, deren riesige Ohren ihm begierig auf die christliche Botschaft zu sein schienen. Wie dem auch sei, es fand eine Unterhaltung mit dem Ordensprovinzial statt, die nicht typischer für Kolbe hätte sein können:

»Sie sprechen japanisch?«

»Nein.«

»Sie haben Geld?«

»Nein.«

»Wie wollen Sie es dann anstellen?«

»Ich werde mich an meine üblichen Gönner wenden.«

Dabei handelte es sich natürlich neben der *Immaculata* um die Vertrauten seiner Kasse und seines Hauses, also den seligen Cottolengo und die heilige Theresia vom Kinde Jesu.

Das technische Personal der NASA, das mit einer Rakete den Mond ansteuert, startet sie durch die ausströmenden Gase in entgegengesetzter Richtung. Dieser Pole, der nach Japan strebte, tat es ihnen gleich. Er musste, da er nicht über Russland reisen konnte, um gen Osten zu fahren, den Weg über den Westen nehmen. Ab Januar 1930 reiste Kolbe viel. Der Gemeinschaft in Niepokalanów lieferte er eine Unmenge Details über seine verschiedenen Reisen. »Ich schwatze und schwatze«, klagte er, doch war dies augenblicklich der einzige Weg, unter ihnen zu weilen. In Warschau suchte er ein Konsulat nach dem anderen auf. Konnte man nämlich in der Zeit vor dem Krieg von 1914 noch in ganz Europa (Russland ausgenommen) mit einer einfachen Visitenkarte umherreisen, so wurden nach dem Krieg überall Reisepässe und Visa verlangt, so als ob die von den Diplomaten erfundenen oder korrigierten Länder sich ihrer Grenzen vergewissern wollten, weil wiederum die anderen Länder den Fortbestand ihrer Grenzen signalisierten. Im italienischen Konsulat bereitete ihm seine Kenntnis der italienischen Sprache einen idyllischen Empfang. Das tschechische Konsulat war ebenso neu wie die Tschechoslowakei, und das Visum konnte man dort ebenso leicht wie eine Briefmarke an einem Schalter kaufen. Das französische Konsulat jedoch – Gott sei es geklagt – war ebenso prunkvoll wie verwahrlost. Seine Säulen waren aus Marmor, aber die Vorhänge waren zerschlissen, die Lüster einäugig. Das französische Visum war das teuerste Europas, während die der österreichischen und deutschen Konsulate so gut wie gratis zu haben waren. In den Zügen und Bahnhöfen kritzelte Kolbe Notizen, indem er sich selbst über sein »Geschwätz« Vorwürfe machte, das ihn unter einem bisher vernachlässigten Aspekt erscheinen ließ, dem eines lebhaften und fröhlichen Mannes nämlich, der aus seiner natürlichen Veranlagung heraus völlig frei ist, weil er sich ganz der Religion hingibt. Im Alter von fünfunddreißig Jahren war er trotz der Prüfungen und Demütigungen – diese Worte kommen in seinen Briefen immer wieder vor – der hingerissene kleine Junge geblieben, der er mit zehn Jahren war, als ihm in jener Kapelle die Gottesmutter erschien.

Auf der Bahnfahrt nach Krakau begegnete er im Zug einem vornehmen Polen, der sich von seinem Sitz erhob, Kolbe begrüßte und sofort ein Exemplar des *Ritters* erhielt, sich dann wieder hinsetzte, um jedoch etwas anderes zu lesen. Zwei Studenten stiegen dazu, mit denen sich Kolbe postwendend in einen metaphysischen Diskurs einließ. Der vornehme Pole hörte aufmerksam zu. Als er jedoch hören musste, dass gewisse Menschen nicht nach der Wahrheit suchen, weil sie Angst haben, sie zu finden, und dies Konsequenzen für sie haben könnte, packte er seinen Koffer und wechselte das Abteil.

Nach Krakau, wo ihn ein bis zu Tränen gerührter Franziskaner umarmte, als er erfuhr, dass Kolbe seinen *Ritter* im Orient herausbringen wolle, besuchte er in Wien das Stammhaus der Steyler Missionare[5]. Er war hingerissen von ihren Setz-, Offset- und Buchbindemaschinen; außerdem verfügten diese Väter über Wasch- und Brotknetmaschinen. Überall – nur nicht in der Kirche – hatten sie Maschinen. Kolbe machte sich über diesen prächtigen Maschinenpark in dem Zug, der ihn über Orvieto nach Rom brachte, Notizen. Dort musste er eine ganze Reihe von Schritten unternehmen, um die für seine fernöstliche Mission notwendigen Zustimmungen und Segnungen zu erhalten.

In den römischen Büros der *Propaganda Fide* (»Kongregation für die Verbreitung des Glaubens«) informierten ihn hervorragende junge Leute, die aus Indien, China und Japan stammten, über diese fernen Länder und begannen bald mit der Übersetzung des *Ritters* ins Indische und Chinesische.

---

[5] »Gesellschaft des Göttlichen Wortes« *SVD*.

Kolbe beabsichtigte, den *Ritter* schon auf dem Weg nach Nagasaki zu redigieren, da Nagasakis in Japan geborener Ortsbischof für seine Aktivitäten weniger Bedingungen stellte als der eine oder andere jesuitisch eingestellte Bischof, denen er auf seinem Weg noch begegnen sollte.

Als er sich mit den Reisekosten zu befassen begann, fand er sie zu hoch. Da er hoffte, in Frankreich eine billigere Passage buchen zu können, fuhr er dorthin. Seine erste Station war Assisi. Aus dieser Stadt des heiligen Franziskus ging ein Brief an einen Ordensbruder in Freiburg ab. Diese Nachricht enthielt ein Postskriptum, das einen hochschrecken lässt, wenn man erfährt, wie seine Geschichte enden wird: »Schreib mir, ob Du weiterhin vorhast, Dich der *Immaculata* zu weihen, ob Du tatsächlich Dein Leben zu opfern, Dich aufzuzehren und Deine eigene Existenz sogar durch Hunger abzukürzen geneigt bist, indem Du Dich für sie den Entbehrungen und Risiken eines vorzeitigen Todes aussetzt.«

Die Reiseroute Kolbes folgte danach einer Logik, die sich gegenüber den Vorzügen von Abkürzungen der Strecke als gleichgültig erwies. In Marseille verhandelte er hartnäckig über seine Passage mit der *Angers*. Er wollte seine Mahlzeiten in der 3. Klasse einnehmen und in der 2. Klasse schlafen. Da das Schiff noch nicht bereit war auszulaufen, begab er sich nach Lourdes. Er fand die Basilika anmutig; da sie aber von Menschen errichtet worden war, fand er sie jedoch weniger schön als die Grotte, wo »man nie aufhört zu beten«. Außerdem war eine Grotte immer wie ein Stück Betlehem. Er ließ sich einen Bart wachsen, um im Orient einen guten Eindruck zu machen. In Lisieux, das (für ihn) in nächster Nähe lag, besuchte er das Haus der heiligen Theresia vom Kinde Jesu, *Les Buissonnets*. Unter den persönlichen Gegenständen des jungen Mädchens entdeckte er ein Schachspiel, und von jetzt an verübelte er es sich selbst weniger, dass er dieses Spiel liebte. Von Lisieux aus kehrte er über Paris, Deutschland, Niepokalanów und Wien nach Rom zurück. Offensichtlich führte in jener Zeit die direkte Verbindung über diesen Umweg. Nachdem er seine Visa für China bekommen hatte, las er »in der Kirche, in der die Heilige Jungfrau Ratisbonne erschienen war«, eine Messe und bekam vom hochwürdigen Ordensgeneral der Franziskaner hundert Dollar ausgehändigt. Dieser bedauerte es, dass er ihm nicht eine Million geben konnte. Danach brach er erneut nach Marseille auf. Endlich, am 6. März 1930, betrat er zusammen mit vier Ordensbrüdern, die ihn begleiteten, die *Angers*. Er teilte seiner Mutter die Abreise mit. Dank der freundlichen Schifffahrtsgesellschaft, die ihn in der 2. Klasse einlogierte, obwohl er nur für die 3. Klasse bezahlt hatte, wurde ihm jeden Morgen der Musiksalon der 1. Klasse geöffnet, damit er dort die Messe lesen konnte. Der Klassenkampf war beendet, das Schiff gehörte ihm.

Sooft das Schiff in einem Hafen anlegte, verschickte er Postkarten, so wie der kleine Däumling seine Kieselsteine zu verstreuen pflegte.

Dem Provinzial schrieb er: »Ich bin leicht seekrank, aber es ist alles in Ordnung. Hier wird viermal am Tag gegessen.« An denselben: »Ich habe dem Bischof von Port Said vom *Ritter* erzählt. Er bat mich, auf dem Rückweg bei ihm Station zu machen.«

An seinen schüchternen jüngeren Bruder Josef, der ihn in Niepokalanów vertrat, schrieb er: »Die Brüder (die ihn begleiteten) schreiben ohnehin so viel, dass ich es mir ersparen kann, Dir Einzelheiten zu berichten.«

An seine Mutter: »Noch dreißig Tage Reise liegen vor uns. Bete für mich.«

An die Gemeinschaft in Niepokalanów: »Auf der *Angers*, im Roten Meer, in der Nähe von Djibouti: Gedenkt unser während der heiligen Messe!«

An den Provinzial: »Der Bischof von Singapur will zwanzig Exemplare des *Ritters* auf Chinesisch. Ich schreibe Ihnen aus meiner Kabine; wir befinden uns im Chinesischen Meer. Ich werde diese Karte dann in Hongkong aufgeben; von dort nimmt sie den Weg über Sibirien. Der Bischof von Saigon hat nichts gegen unsere Niederlassung in seiner Diözese einzuwenden.«

An denselben: »Morgen sind wir in Hongkong. Es scheint hier Seeräuber zu geben, denn es sind auch französische Soldaten an Bord.« Postskriptum: »Wir verlassen jetzt die heißen Zonen und können dann freier atmen, wenn wir in den Tropen sind, in denen man nichts tun kann als trinken und schwitzen.«

An Josef: »Wir werden den *Ritter* in Hongkong verbreiten können, wenn wir ihn dort auch nicht drucken dürfen.«

An den Provinzial: »Ein chinesischer Wohltäter hat uns ein Haus versprochen.«

An die Gemeinschaft in Niepokalanów: »Shanghai. Die chinesische Ausgabe des *Ritters* bereitet noch Schwierigkeiten. Alles ist bereit, es fehlt uns nur noch die Erlaubnis, womit das bestätigt ist, was ich schon in Niepokalanów vorausahnte, dass uns nämlich die europäischen Missionare den meisten Ärger bereiten werden.«

An den ehrwürdigen Ordensgeneral: »Shanghai. Wie ich es mir schon dachte, sind die Schwierigkeiten bezüglich unserer Zeitschrift groß, jedoch nicht vonseiten der ›Heiden‹, sondern vonseiten der europäischen Missionare, deren Orden und Kongregationen China in Territorien aufgeteilt haben, in denen nur einer von ihnen das Recht der Glaubensausübung für sich in Anspruch nehmen kann. Uns bleibt nur noch die Provinz Schensi, ein Land, das über keinerlei Transportwege, sei es per Schiene oder über Binnenwasserstraßen, verfügt.«

Er prüfte die Möglichkeit, die chinesische Auflage des *Ritters* in Japan drucken zu lassen und von dort nach China zu verschicken. »Aber selbst wenn der Bischof von Shanghai es gestatten sollte, dass wir dort eine ›Prokur‹[6] eröffnen, würde dies bedeuten, dass wir dort einen Priester stationieren müssten.« Zum dritten oder vierten Mal beklagte sich Kolbe über jene innerhalb ihrer kleinen chinesischen Mauern verschanzten Feudalsysteme der Missionare. Er ließ in Shanghai zwei seiner Ordensbrüder zurück und schiffte sich mit den verbleibenden beiden nach Japan ein.

---

[6] Servicestelle – ein Büro – für die deutschen Missionare im Ausland.

Die »Unbefleckt Empfangene«

Das Erste, was ihm in Nagasaki auffiel, war eine Statue der »Unbefleckten Empfängnis« vor der dortigen Kathedrale. Ihr Bischof, ein gebürtiger Japaner, der ihm zu verstehen gegeben hatte, dass er gern Verstärkung aufnehmen werde, um unter den blühenden Kirschbäumen christliche Schafe zu weiden, war nicht da, und sein Generalvikar bereitete dem Neuankömmling einen frostigen Empfang. Die franziskanischen Zeitungsleute interessierten ihn wenig. Dies änderte sich schlagartig, als er erfuhr, dass sein Besucher im *Collegio Serafico* der Franziskanerkonventualen in Rom studiert hatte und imstande war, in Philosophie zu unterrichten. Nun war dieser Monsignore, der verzweifelt nach einem Professor für den Unterricht in Philosophie gesucht hatte, begeistert, ihn gefunden zu haben. Kolbe fand dies nicht, er war vielmehr der Ansicht, dass die *Immaculata* dies alles so gefügt habe. Sofort erkannte er jedoch die Vorteile, die er aus der Situation ziehen konnte. Er würde unterrichten und der Monsignore würde ihm die Räumlichkeiten für den *Ritter* zur Verfügung stellen, ein zweites »Niepokalanów«, damit er seine Zeitung nach China expedieren könnte. Und da der Monsignore die Philosophie so sehr liebte, würde er dies alles auch erreichen.

Die Anfänge waren jedoch noch härter als damals in Polen. Das verfallene Lokal, das man Kolbe und seinen zwei Gefährten zugestand – weitere Brüder sollten folgen –, setzte den Unbilden der Witterung nur teilweisen Widerstand entgegen. Sie schliefen auf dem Boden und es regnete in den Kochtopf. Auf Bänken oder Kisten verzehrten sie eine Nahrung, die Kolbes Magen nicht vertrug. (Er sagte: »Die Schwierigkeit im Beruf des Missionars ist die Küche.«) Solange sie darauf warteten, die Welt zu erobern, wurden sie ihrerseits von Moskitos überfallen. (»Nachts kann man sich nicht anders gegen sie schützen, als dass man sich unter seine Decke vergräbt, stattdessen aber dann vor Hitze stirbt.«) Der arme Pater wurde krank. Zu den Kopfschmerzen und zu seinem üblichen Fieber kamen Abszesse hinzu, die seinen ganzen Körper bedeckten. Er konnte nur noch mit Mühe gehen, las die Messe – auf seine Brüder gestützt – auf einem Fuß. Eines Tages wurde er bewusstlos auf der Straße aufgelesen. In seinen Briefen erwähnte er von all diesen Leiden und Unannehmlichkeiten kein Wort. Er dachte ausschließlich an das winzige Trüppchen Christen Japans (in Nagasaki waren es nur 50 000 und in ganz Japan weniger als 100 000 aus einer Gesamtbevölkerungszahl von 80 Millionen Menschen), die der Tausenden von Märtyrern gedenken, die in diesem Lande im siebten Jahrhundert gekreuzigt worden waren. Er überließ sich seinen Fantasien und stellte sich seinen *Ritter* vor, wie er, nachdem er in Nagasaki gedruckt wird, das Meer überspringt, um China zu durcheilen, Indien zu erobern, im Vorderen Orient an Land zu gehen, wo er sowohl auf Arabisch wie Hebräisch erscheinen wird, um zum Schluss eine Milliarde Leser, Freunde und Sympathisanten zu erreichen, das heißt die Hälfte der Bevölkerung des Planeten …

Innerhalb eines Monats nach ihrer Ankunft brachten die Missionare, in täglicher Kleinarbeit und ohne Japanisch zu können, die erste Nummer ihrer Zeitschrift in der Landessprache heraus. Lediglich der Begriff der *Immaculata*, der offensichtlich nicht in das Japanische übersetzbar ist, wurde ersetzt und der *Ritter der Immaculata* wurde in *Ritter der Unbefleckt Empfangenen* umgetauft.

Am 24. Mai 1930 schickte er folgendes frohlockende Telegramm an die Gemeinschaft in Niepokalanów: »Expedieren heute den japanischen *Ritter*. Stop. Besitzen eine Druckerei. Stop. Der *Immaculata* sei Ruhm.«

Von solcher Art ist die magische Gewalt dieser Rasse von Gründervätern: Werft sie nur mit einem Rock bekleidet in die Wüste, ohne dass sie mit einer Landkarte, einem Kompass oder Werkzeug ausgerüstet sind, und man wird mit ansehen können, wie sich der Sand in Bewegung setzt, um eine Kathedrale um sie herum zu errichten.

Die ersten 10 000 Exemplare des japanischen *Ritters* wurden auf den Straßen verteilt, und zwar unter Beachtung der lokalen Sitte, die es verlangte, dass man sich vor dem Passanten in einem Winkel von neunzig Grad verneigte, um seine Zustimmung, ihm eine Broschüre aushändigen zu dürfen, zu bekommen.

Die Texte der Zeitschrift wurden auf Lateinisch oder Italienisch verfasst und danach von den Sekretären des Monsignore unter Mitwirkung eines hilfsbereiten Methodisten übersetzt, den die »Unbefleckt Empfangene« zum Schluss ganz für ihre Sache gewinnen sollte. Die verrostete Maschine machte den Brüdern, die die Zeitschrift druckten, genauso viel zu schaffen wie diejenige aus Grodno. Sie warf dieselbe Art Artikel wie in Polen aus mit inhaltlich nur minimalen Umstellungen (wie zum Beispiel des Titels); der Inhalt selbst blieb unverändert, der Erfolg wurde ein und derselbe. Rührt man nämlich an die innerste Natur des Menschen, dann ist die Resonanz überall dieselbe.

Manifestationen des Unverständnisses oder von Feindseligkeiten, die sich während des Exils in Grodno sehr verringert hatten, lebten stärker denn je wieder auf. Man warf Kolbe die schlechte geistige und literarische Qualität seiner Zeitschrift vor. Es wurde auch behauptet, sie gehe zu wenig auf die japanische Kultur ein. Kolbe aber glaubte nicht, dass die Kultur ebenso tief in die Herzen der Menschen vordringt wie die Religion. Er ließ sich vielmehr ständig von den folgenden Worten Christi inspirieren: »Ich danke Dir, Vater, dass Du diese Dinge vor den Klugen und Weisen verborgen hast, um sie den Bescheidenen und Geringen zu offenbaren.« Man prangerte wieder einmal seine sentimentale Vorliebe für die Jungfrau Maria an, und da er diese gern »kleine Mutter« zu nennen pflegte, machte sich einer seiner früheren Mitbrüder, einer von denen, die ihm am nächsten standen, über diese unschuldige Gewohnheit in einem Artikel lustig, der auf grausame Weise wie folgt überschrieben war: »Gottvater – Papi? Die Jungfrau Maria – Mami?« Unter dieser Rohheit hat Kolbe sehr gelitten.

Während des Prozesses wird der *Advocatus Diaboli* die Anklage gegen ihn noch durch theologisch begründete Belastungen vergrößern. Der Beschuldigte habe eines Tages von einem Dogma der »Maria als Vermittlerin« gesprochen; das war aber kein Dogma, wenigstens in seiner Zeit noch nicht. Doch er schrieb: »Jeder Augenblick meines Lebens, mein Tod, wann und wie immer er auch erfolgt, meine Ewigkeit, alles gehört Dir, o Unbefleckte Jungfrau. Mache aus mir, wie es Dir gefällt«, und verfasste anstelle eines auf Christus zentrierten ein um Maria zentriertes Programm. Wenigstens war es kein egozentrisches Programm.

Natürlich hatte Kolbe auch Gefühle – denn man kann sich ja eine Liebe ohne Gefühle nicht vorstellen –, aber sein Wesen war ohne jeden Hang zur Sentimentalität. In seinem Denken war Kolbe seinen Verleumdern um Lichtjahre voraus. Das Dogma von der »Unbefleckten Empfängnis«, das für die Jungfrau Maria eine seltsame Art zeitlichen Vorangehens ihrer selbst zu implizieren scheint, ruht inmitten der Heiligen Dreifaltigkeit. Dies ist ein wunderbares Geheimnis, das einen verblüffenden Effekt auf jeden Intellekt ausübt, der kühn genug ist, sich darin zu versenken. Kolbe war es. Seine Verehrung und Hingabe war kraftvoll wie Maria selbst. Als junge Frau sang Maria bei ihrem Besuch bei ihrer Base Elisabeth das *Magnifikat:* »Meine Seele preist die Größe des Herrn, und mein Geist jubelt über Gott, meinen Retter. Denn auf die Niedrigkeit seiner Magd hat er geschaut ... der Mächtige hat Großes an mir getan.« Diese Worte offenbaren ganz offensichtlich eine Macht des Himmels und der Erde, und alle, die Maria verbunden sind, empfangen etwas von ihrem Licht. Diejenigen, die es nicht sind, schauen ihnen zu, sehen lediglich die Statuen, vor denen sie knien und beten – und bedauern sie als Arme im Geiste.

Jedoch gab es für Kolbe Schlimmeres als solche Scharmützel, zum Beispiel die administrativen Spitzfindigkeiten eines Apostolischen Nuntius, dem immer ein Stempel fehlte, ehe er die Gültigkeit irgendeines Schriftstückes akzeptieren konnte. Oder da gab es die Nörgeleien kanadischer Franziskaner, die über das Vordringen der neuen Missionare in ihr Territorium irritiert waren. Ja selbst das Werk Kolbes als solches war bedroht, denn an maßgeblicher Stelle wurde bereits darüber gesprochen, seine Mission zu beenden. Dieses Mal reiste er in entgegengesetzter Richtung, um seine Sache vor dem Generalkapitel des Ordens zu verteidigen. Nun öffnete sich Sibirien, um ihn durchreisen zu lassen, und er traf Anfang Juli 1930 in Polen ein. Im Generalkapitel, das in Lwow zusammentrat, hatte er nicht nur Freunde, aber jetzt plädierte er mit ungewöhnlicher Eloquenz und gab zu bedenken, dass die Franziskaner auch in Japan Märtyrer hinterlassen haben und dass es von Bedeutung sei, ihr apostolisches Werk fortzusetzen. Er sagte, dass die christliche Gemeinde von Nagasaki die größte im Lande sei, und weiter führte er aus, dass man auf die Unterstützung des Bischofs, Monsignore Hayasaka, zählen dürfe. Er berichtete, dass der *Ritter der Unbefleckt Empfangenen* eine so gute Resonanz gefunden habe, dass seine Auflage von Nummer zu Nummer steige. Nicht nur sei es angezeigt, mit seiner Veröffentlichung fortzufahren, es müsse auch ein japanisches Niepokalanów zum Ruhme der *Immaculata* und zur Bekehrung der »Heiden« ins Leben gerufen werden. Danach verstummte er, und während um ihn herum sein Fall mit mehr oder weniger Wohlwollen diskutiert wurde, betete er im Stillen den Rosenkranz, ein »Ave Maria« um das andere. Und seine Argumente trugen den Sieg davon, vielleicht waren es auch die »Ave Maria«. Er wurde in seiner Mission bestätigt und erhielt die erforderlichen juristischen Absegnungen.

Während dieses Zeitraumes schrieb er wenig. Er schickte ein Telegramm an seinen Bruder, den »Hüter« von Niepokalanów: »Japan ist in Gefahr. Stop. Bete!« Ein anderes an seine Mutter, dass sie nicht damit rechnen könne, ihn so bald wiederzusehen. Er schickte einen Brief an seinen Provinzial, in dem er diesen wie beiläufig wissen ließ, dass das Ordenshaus, für das er die Genehmigung zur Gründung beantragt habe, so gut wie bereits existiere. Dabei handle es sich um ein Grundstück, »zu dem sogar ein Gemüsegarten gehört«. Jedermann hatte ihm vom Kauf abgeraten, aber der Grund und Boden war so wenig begehrt, dass er nicht viel kostete. So erwarb er ihn trotz gegenteiliger Meinungen. Nach dem Abwurf der Atombombe über Nagasaki im Jahre 1945 wird die Woge ihres Schocks, ihrer Flammen und des von ihr ausgelösten Grauens vor den Pforten dieses Klosters, die sich den Waisen der Stadt öffnen sollten, erlöschen.

Mit Verstärkung kehrte er auf demselben Wege über Sibirien und Korea nach Japan zurück. Man hatte Reiseproviant mitgenommen und bereitete sich in den Bahnhöfen Tee. Kolbe war ziemlich unerwartet und bei Nacht von Niepokalanów abgefahren, sei es, weil sich plötzlich eine günstige Reisemöglichkeit oder ein billiger Zug anbot. Als er sich von seinem Bruder verabschieden wollte, schlief dieser: »Ich wollte Dich nicht wecken«, schrieb er ihm, als der Zug zum ersten Male hielt, »weil mir dies zu wehgetan hätte. Aber ich habe Dich genau betrachtet.« Er würde ihn nicht wiedersehen. Kurz nach seiner Rückkehr nach Nagasaki erhielt er wie aus heiterem Himmel ein Telegramm: »Josef ist wie ein Heiliger gestorben. Stop. Alles geht weiter wie früher.« Als er abreiste, war sein Bruder jedoch gesund, und nun wurde ihm ohne Umschweife mitgeteilt, dass er nicht mehr am Leben war. Aus dem Telegramm erfuhr er nicht, dass Josef innerhalb weniger Tage von einer akuten Blinddarmentzündung dahingerafft wurde, die zu spät erkannt worden war. Die einzige Spur von Rücksicht oder Schonung, die das Telegramm enthielt, war paradoxerweise dieses »Alles geht weiter wie früher«, eine ungewöhnliche Art der Beileidsbezeugung, die dazu bestimmt war, Kolbe über den Fortbestand seines Werkes zu beruhigen. Dieser sanfte kleine Bruder, der so sehr gezögert hatte, seinem schrecklichen älteren Bruder in die himmlischen Schluchten der marianischen Kosmogonie zu folgen, hatte sich schließlich doch noch überzeugen und fortreißen lassen. Und er starb inmitten einer der »Unbefleckten Empfängnis« gewidmeten Novene. Die Nachricht sollte Kolbe am Vorabend dieses großen Festes erreichen: Um der in der Trauer enthaltenen Gnade willen las er die Messe für Josef in weißen liturgischen Gewändern. »Ich habe das Telegramm erhalten …«, schrieb er an den Absender, »aber nach der ersten tiefen Erschütterung hat sich Trost in mein Herz gesenkt, denn das Telegramm wurde während der Vigil für die ›Unbefleckte Empfängnis‹ abgesandt … Vielleicht hat die Beerdigung am selben Tage wie dieser Festtag stattgefunden?

Warum also trauern? Es ist offensichtlich, dass ihn die *Immaculata* zu sich gerufen hat … Die Depesche traf bei uns am 7. nach der Messe ein. Am nächsten Tag, dem 8. Dezember, einem Feiertag, habe ich deshalb zum Gedenken Josefs die Messe in weißen Gewändern zelebriert; anders war es nicht möglich.« Es wird ein langer Brief, der so ausführlich ist, dass Kolbe Zeit darin findet, es sich an zwei Stellen selbst vorzuwerfen, dass »er ins Blaue hineinschreibt«. Solche Art Eloquenz pflegt gern auf erste Betroffenheit und Bestürzung und große seelische Erschütterungen zu folgen. Unter dem direkten Beschuss drehte sich Kolbe wie ein Kreisel um sich selbst, streifte alle Themen seiner gewohnten Sorgen, erinnerte daran, dass die »heilige Armut, die bodenlose Kasse der heiligen Vorsehung« den Franziskaner reicher macht, als alle Finanzmächte dies könnten. Trotzdem bat er darum, dass man ihm die Bilanz von Niepokalanów sende, und blies nochmals in das Horn für die Eroberung der Seelen, ehe er erneut auf seinen Bruder zu sprechen kam: »Ich bitte dringend um weitere Einzelheiten ... Sicherlich sind sie schon an mich unterwegs?« Seiner Mutter schrieb er erst eine Woche später (es sei denn, es wäre ein Brief verloren gegangen, was aber nicht der Fall zu sein scheint): »So ist es ... Die *Immaculata* hat Josef zu sich genommen ... Ruhm sei ihr für alles. Ich kann mir in etwa vorstellen, wie seine Beerdigung war, da sie am Tage der »Unbefleckten Empfängnis« selbst stattgefunden hat. Ich warte immer noch auf nähere Informationen. Außer dem Telegramm habe ich noch nichts erhalten.«

In den darauffolgenden Briefen sprach er erneut von seiner transsibirischen Reise, von der er nur auf praktische Dinge zurückkam: Bei den »Bolschewiken« sollte man zu viert reisen, weil die Abteile ihrer Züge vier Sitzplätze haben. Ist man nur zu dritt, ist man dem Ungemach ausgesetzt, dass Tag und Nacht ein vierter Reisender dazustoßen kann, der die anderen drei stört. Zu zweit oder allein war es noch schlimmer: Während seiner Reise nach Polen haben sich Jungverheiratete auf eine Art und Weise aufgeführt – schreibt er –, dass er in den Korridor hinausgehen musste, wo er bis zu seinem Bestimmungsort blieb. Ist man aber zu viert, kann man die Tür schließen, beten, meditieren und während der acht Tage der Fahrt (durch die Steppen) das Leben einer kleinen religiösen Gemeinschaft auf Rädern führen; dies ist der Idealfall. Er teilte dem Provinzial in Lwow die Neuigkeiten über die »Ungläubigen«, also die Japaner, mit (die Bibel hätte von ihnen als »Heiden« gesprochen), die seine Zeitschrift freundlich aufnahmen und die sie in einem vier Seiten langen, sehr klein gedruckten Artikel sehr lobend erwähnt hatten. Ja, er hatte sogar aus der »buddhistischen Festung«, der Insel Shikoku, einen Brief mit einem beeindruckenden Briefkopf erhalten, worin er um die Dienste seiner Zeitschrift gebeten wurde.

Der protestantische japanische Professor, der die Ausgaben des *Ritters der Unbefleckt Empfangenen* aus dem Italienischen übersetzte, wurde durch das viele Übersetzen selbst zum Katholiken. Ein Arzt, der Professor an der Universität Nagasaki war, suchte Kolbe auf, »um sich mit ihm auf Deutsch zu unterhalten«; die Unterhaltung wendete sich dem Katechismus zu, und der Arzt freute sich darüber, bedauerte er es doch schon seit Langem, über den Katholizismus schlecht informiert zu sein. Zwei kleine »Heiden«, die den Brüdern in der Druckerei zur Hand gingen, eigneten sich dadurch Kenntnisse des christlichen Glaubens an und baten um die Taufe: Das Gebet allein – so Kolbe – habe genügt.

Er kam nochmals auf seinen Bruder Josef zu sprechen: »Er wird fortan mehr und Besseres tun können als auf der Erde, um die Liebe und die Andacht zur *Immaculata* zu verbreiten. Ihr sei Ruhm.« Das nennt man wahren Glauben.

Als Mystiker, also als Mensch von hypersensiblem Charakter, musste er durch schlimme Augenblicke hindurch. In jenem Ton, der typisch für ihn war, nahm auch er die Klage des heiligen Paulus auf: »Ich tue nicht das Gute, das ich liebe, ich tue das Böse, das ich hasse.« Er tat nichts Böses, aber in seinen Augen war das Gute, das er tat, nicht rein, und er warf es sich bitterlich vor, dass er sich aus Stolz Taten zuschrieb, die eigentlich das Werk der *Immaculata* waren. Man muss an dieser Stelle festhalten, dass bei den Mystikern der Stolz sofort dann einsetzt, wenn sie das volle Bewusstsein ihres Nichts verlieren und das Lied der heiligen Katharina von Siena in ihnen zu klingen aufhört: »Du bist die Weisheit, ich der Tor. Du bist die Schönheit, ich bin nur eine ärmliche Kreatur. Du bist das Leben, ich der Tod. Du bist, der da ist, ich bin nur die, die nicht ist.« Wie wir gesehen haben, ist die »Armut die bodenlose Kasse der göttlichen Vorsehung«; so ist auch die Nichtigkeit der Mystiker für sie ein unerschöpflicher Reichtum, das grenzenlose Reich von Gottes Großmut, in welchem für sie wie für den Landpfarrer von Bernanos alles Gnade ist: Der Stolz besteht darin, dies – sei es auch nur für einen Augenblick – zu vergessen. Doch die menschliche Schwachheit kommt der Demut manchmal zu Hilfe. »Wie oft«, rief Kolbe in einem Brief an seinen Provinzial aus, »wie oft schien es mir, dass ich keinen Glauben und keine Hoffnung mehr hatte und auch keine Liebe mehr! Ich fühlte dann nur noch eine Abneigung gegenüber meinen Sorgen, Schwierigkeiten und meinem Leiden und sehnte mich nach einer Zeit des Müßigganges«, die er – wohlgemerkt – nie erleben würde.

Depressive Wolken verfinsterten manchmal seinen Horizont. Es kam vor, dass er weinte, wenn seine Absichten allzu sehr verkannt wurden oder wenn sein Werk bedroht war, wie dies anlässlich des letzten Generalkapitels des Ordens der Fall gewesen war. Der *Advocatus Diaboli* hält diese Tränen mit der glücklichen Ausübung heroischer Tugenden für unvereinbar. Nachdem er zur Kenntnis genommen hat, dass man Kolbe »traurig und niedergeschlagen« erlebt habe, und zwar mehrmals, insbesondere als es darum ging, seine Mission zu beenden, sagt er: »Wenn seine Vorgesetzten seine Ansichten nicht teilten, bricht der Diener Gottes zusammen, was ein Beweis für die Anfälligkeit seiner Tugenden der Stärke und der Hoffnung im praktischen Leben ist.« Das ist aber auch ein Beweis dafür, dass Heilige aus Menschen gemacht werden.

Als Mystiker, also als Realist, achtete Kolbe sehr auf die Details des Lebens. Als die Patres (das sind die Mönche, die die Messe zelebrieren) und die Brüder (das sind die, die keine Messe lesen dürfen) aus Polen aufbrachen, um in Nagasaki zu ihm zu stoßen, setzte er für sie ein kleines Handbuch für transsibirische Reisende auf, in welchem er ihnen erklärte, dass es sich empfiehlt, sich mit einer großen Teekanne für heißes Wasser (*kipiatok*) zu versehen, das in praktisch allen Bahnhöfen Sibiriens gratis erhältlich ist, in welchen man unter einem Schild (mit der russischen Aufschrift) *kipiatok* einen Heißwasserhahn vor den Bahnhofsgebäuden findet. Außerdem sei es ratsam, eine kleine Teekanne mit auf die Reise zu nehmen, um mit einem Päckchen Tee, das für neun Tage ausreicht, Tee zuzubereiten. Das Päckchen Tee soll jedoch vorher geöffnet werden, damit kein Zoll dafür zu bezahlen ist. Um den Speisewagen zu vermeiden, in dem man sich für teures Geld den Magen aufwärmen kann, sollen außerdem Zucker, Tassen und Teelöffel mit eingepackt werden. In der Mandschurei übernimmt der Schaffner die Beschaffung des *kipiatok*. Er muss dafür an der Endstation entlohnt werden. In Japan gibt es dann kein heißes Wasser mehr; stattdessen bekommt man von jungen Burschen, die auf den Bahnsteigen *giuniu* ausrufen, Milch zu kaufen. Auf dem Schiff, das auf die japanischen Inseln übersetzt, gibt es dann wieder Wasser. »Es ist ratsam, auf der Schiffsbrücke Platz zu nehmen und dort eine Bank zu belegen, weil die Hitze im Innern des Schiffes in der dritten Klasse unerträglich ist.« – »Nehmt eine Decke mit, um darin zu schlafen, wodurch das kostspielige Mieten von Wäsche eingespart werden kann; haltet einen Mantel bereit, mit dem Ihr Euch nachts, ›wie es ein rechter Missionar zu tun pflegt‹, zudecken könnt.« Bei der Abreise von Warschau sollen sie das Ordenskleid gegen zivile Kleidung eintauschen und sich auf der transsibirischen Strecke nicht zu erkennen geben, aber sich »jeder Behörde gegenüber offen als Missionare auf dem Weg nach Japan ausweisen ... Im Falle von Schwierigkeiten gilt die Parole ›Transit‹ als das Losungswort, das die Zöllner entwaffnet; diese setzen daraufhin ihre Siegel auf die Gepäckstücke, auch auf eventuell vorhandene Pakete mit dem priesterlichen Ornat; keines der Gepäckstücke wird dann während der ganzen Fahrt durch das sowjetische Territorium mehr geöffnet werden; trotzdem kann man, da man sich ja als ›Missionar‹ zu erkennen gegeben hat, unbehelligt in einem unversiegelten Köfferchen eine Soutane, einen Rosenkranz, ein Kruzifix und ein Gebetbuch mit sich führen.«

Alldem fügte er Landkarten und die Skizze eines Bahnhofes sowie eines Eisenbahnabteils bei, das Sitze hat, die man wie den Deckel eines Reisekoffers hochnehmen kann. Er beschrieb auch den kleinen Eisenhebel, den man nachts von der Abteiltüre abziehen sollte, um nicht mehr gestört zu werden. Kolbe trieb es mit seiner Genauigkeit sogar so weit, dass er den Brüdern empfahl, morgens vor den anderen Mitreisenden aufzustehen, damit sie nicht vor den Toiletten Schlange stehen müssen. Mystiker stehen mit beiden Füßen auf der Erde.

In jener Zeit, also gegen das Jahr 1930, lebte Russland noch nicht im Abseits; der Eiserne Vorhang war noch nicht über seine endlosen Grenzen gefallen. Man konnte noch ohne große Risiken ein- und ausreisen. Es ist wenig wahrscheinlich, dass die Parole »Transit« heutzutage denselben magischen Effekt auf die Zöllner ausüben würde wie damals und dass es genügen würde, einen Koffer zum Versiegeln hinzustellen, damit die Zöllner von seiner Kontrolle Abstand nähmen.

In Nagasaki waren die Patres, Brüder und Seminaristen der Klosterdruckerei nun zu achtundsechzig; mit einer Auflage von 65 000 Exemplaren war die Zeitschrift *Ritter der Unbefleckt Empfangenen* das erste katholische Blatt eines Landes, das selbst nicht katholisch ist. Während dieser Zeit hatten die Mönche von Niepokalanów das gebaut, was sie fast emphatisch ihre »Wolkenkratzer« nannten, wobei der neueste von ihnen dazu bestimmt war, die riesige Rotationsmaschine aufzunehmen, die den *Ritter* eines Tages in einer Auflage von einer Million Exemplaren drucken würde, zusammen mit noch zehn weiteren Veröffentlichungen. Sowohl die Ordensgeistlichen wie die Arbeiter, wenn nicht gar Arbeiterpriester, ließen sich unter den Pfeilern dieses technischen Monstrums aus dem Industriezeitalter mit dem Messkännchen in der Hand wie auf einem Eisengerüst aufgereihte Vögel fotografieren. Die Veröffentlichung dieser Bilder rief ein leichtes Wiederaufleben von Unbehagen innerhalb des Ordens hervor, in dem sich einige an die modernen Kommunikationstechniken nicht gewöhnen konnten und außerdem Vögeln, die predigen, mit Misstrauen begegneten. Der Inhalt des *Ritters* blieb aber unverändert gleich: Er bestand aus marianischen Meditationen, Nachrichten der lokalen »Miliz«-Anhänger, Chroniken, die sich weniger mit aktuellen Ereignissen als mit den Heiligenfesten des liturgischen Kalenders befassten. Er brachte auch Dankbezeugungen an Maria, die in einer kleinformatigen Illustrierten erschienen, in der nicht über die Welt für die Welt berichtet wurde, sondern über den Himmel, über das Heil, das Leiden und die Hoffnung, eigentlich über all das, wovon die Presse nicht mehr spricht, sollte sie je schon davon gesprochen haben. Das machte aus dem *Ritter* ein originelles, eigenständiges Blatt, eben weil es konventionell war. Seine zunehmende Leserschaft wuchs ihm eben deshalb zu, weil er nicht versuchte, die Leser mittels des Ungewöhnlichen oder mittels Skandal- und Sensationsberichten zu vermehren, sondern indem er seiner Leserschaft in stillschweigendem Einvernehmen mit ihr das brachte, was den wenig gefragten Kern der menschlichen Natur ausmacht, nämlich den Wunsch, zu glauben, zu lieben und zu hoffen.

Von Japan aus fuhr Kolbe fort, Niepokalanów zu leiten. Er sandte lange Briefe an seine Brüder, in denen er von Maschinen, Grundstücken oder vom Geld sprach und ihnen das Grundprinzip seiner Buchhaltung in Erinnerung brachte: »Es ist völlig logisch, dass die Heilige Jungfrau für das, was sie will, auch die Verantwortung zur Abdeckung der Kosten übernimmt.« Oder aber er beschrieb ihnen die Wohltaten des übernatürlichen Gehorsams und die reinen Freuden des Losgelöstseins von der Welt: »Die Seelen, die Gott wirklich lieben, können nicht leben, ohne dass sie sich ständig selbst verleugnen, sich von ihren Wünschen, ihrer Intelligenz, ihrem Willen lossagen, um immer mehr in die Glut jener wahren Liebe einzutauchen, die nicht nach angenehmen Gefühlen strebt, sondern überall und vor allem anderen allzeit bereit ist, einzig und allein den Willen Gottes zu erfüllen, der sich durch den Glauben erkennen lässt und den diese Herzen mehr als ihr eigenes Leben lieben.« Ein anderes Mal schrieb er: »Wem es an Wachsamkeit mangelt, wer es versäumt, sich bis zu den geringsten Dingen durch unaufhörliches Gebet selbst zu bekämpfen, verliert nach und nach den Glanz der Lichter des Glaubens, der bei blindem Gehorsam den Willen Gottes enthüllt ...; sonst würde er in seinen Vorgesetzten nur noch das sehen, was auch die Heiden in ihnen sehen können, nämlich mehr oder weniger einsichtige und kluge Menschen.« Immer wieder kam er auf dieses Thema zurück. Da er fürchtete, nicht überzeugt zu haben, schloss er eine seiner Ermahnungen mit folgendem alarmierenden Bild: »Sollte jemand eines Tages glauben – aber ich möchte lieber gar nicht daran denken –, dass die von mir über den heiligen Gehorsam geäußerten Ansichten übertrieben sind …, aber es ist wohl besser, an etwas Derartiges erst gar nicht zu denken, brrbrr.«

All diese Hymnen an den Gehorsam werden den öffentlichen Ankläger jedoch nicht davon abhalten, Kolbe seinen »unabhängigen« Charakter vorzuwerfen, denn es stimmt, dass die bis zu einem solchen Grad vorangetriebene Entsagung eine Art Autonomie schafft, die den Anschein erwecken könnte, dass sie den Ordensregeln zuwiderlaufe, ganz zu schweigen davon, dass viele Vorgesetzte, die mehr beunruhigt, denn geschmeichelt sind – wenn sie als die einzig qualifizierten Interpreten des Ewigen angesehen werden –, versucht sein könnten, zu schweigen und den Adepten seinem »heiligen Gehorsam« zu überlassen, der dann niemanden mehr findet, dem gegenüber er Gehorsam üben kann. In einem seiner langen Briefe tauchte dann zum zweiten Mal gleich einer einzelnen Cello-Passage aus einer plötzlich verstummten Partitur der so kleine aufschlussreiche Satz auf, den wir schon einmal gehört haben: Die Weihe an Maria muss vorbehaltlos sein, »in einem Wort: Es gibt keine Vorbehalte, selbst wenn es geschehen sollte, dass man aus Liebe zur *Immaculata* vor Hunger und Elend in einem Straßengraben stirbt.«

Auch ist er der keusche Jüngling aus seinen Seminaristenjahren geblieben, jenen Tagen, in denen er sich so sehr vor den Römerinnen gefürchtet hatte. »Ach, noch etwas: Auf den beigefügten zwei Medaillen, die, wie ich glaube, aus Polen stammen, sieht man durch das Kleid hindurch das Bein; das ist eine Schmach. Ich finde, es muss etwas dagegen geschehen, damit solche Medaillen nicht mehr hergestellt werden.«

Nicht jeder folgte ihm mit derselben Begeisterung. So hatte er einigen Grund zur Klage über seinen allernächsten Mitarbeiter, den Pater Methode, obwohl dieser ein »guter und frommer Mann ist«, dem es aber Mühe kostete, über die tägliche Routine des Klosterlebens hinauszuwachsen. Um die Wahrheit zu sagen, versuchte Pater Methode nicht einmal, in sein Leben jenes Körnchen Heldentum zu legen, aus dem das tägliche Brot seiner Mitbrüder gemacht war. Er pflegte seinen schönen, großen Bart und ließ sich in seine Zelle einen jener Korbsessel stellen, die für Besucher reserviert waren. Dort thronte er, auf ein Kissen gestützt, während die anderen Mönche »nichts anderes als harte Holzschemel zum Sitzen haben«. Eine solche Genusssucht machte Kolbe eher sprachlos, als dass sie ihn empörte. Man zieht nicht auf einem Sessel in den Himmel ein. Ein solcher ist zwar weder von der Ordensverfassung noch den Ordensregeln verboten, aber man spürt, wie Kolbe der Gelassenheit dieses Mönches gegenüber hilflos dastand, der so wenig bereit war, sich von diesem Mann begeistern zu lassen, der einige seiner Briefe mit »der Halbnarr Marias« unterschrieb. Überdies hatte Kolbe sich sagen lassen müssen, dass das Franziskanertum in seiner ganzen Strenge von den Kapuzinern oder den Minderen Brüdern, also den beiden anderen Zweigen des Ordens, praktiziert würde, nicht aber von den Franziskanerkonventualen, zu denen er gehörte. Pater Methode und er werden sich trennen.

Indien

Dem Unternehmen Kolbe ging es gut, wenigstens besser als seinem Gründer, denn die japanischen Ärzte waren über die Röntgenaufnahmen seiner Lunge entsetzt. Er litt unter häufigen Fieberanfällen; dabei zitterte er am ganzen Körper; zumeist abends spürte er, wie ihn immer wieder Migräneanfälle zu überfallen drohten. In einem auf Japanisch abgefassten Arztbericht, der dann ins Lateinische übersetzt wurde (dieses ist neben dem Italienischen und Französischen eine der drei offiziellen Sprachen des Heiligsprechungsverfahrens), beschrieb ihn der erste Arzt, der ihn in Nagasaki untersucht hatte, als einen sehr sensiblen Menschen mit schneller Reaktion und prompten Reflexen, aber von großer, jedoch kontrollierter Nervosität. Als man ihm nahelegte, ein Sanatorium aufzusuchen, lehnte er es ab: Er wisse, sagte er, dass er nicht mehr geheilt werden könne, und ziehe es vor, die Zeit, die ihm verbleibe, seiner Arbeit zu widmen. Trotzdem schrieb er an seine Brüder nach Niepokalanów: »Ich habe Angst vor dem Leiden … Aber auch Jesus selbst hatte in Gethsemane Angst, und dieser Gedanke ist eine Gnade für mich.«

In der Nacht war er manchmal am Ersticken, sein Herz schlug immer schwächer, und er hatte das Gefühl, dass es so mit ihm auf seinem Strohsack zu Ende gehen werde, wo er – weit von seinem geliebten Polen entfernt – die Hand eines Bruders hielt. Wenn sich dann die Sonne über einem neuen Tag erhob und ihn belebte, sagte er lediglich: »Maria hat mich noch nicht zu sich gerufen.«

Deswegen verließ ihn sein Eroberungsgeist aber noch lange nicht: Alle Mittel waren ihm gut genug, um die Herzen zu begeistern, sei es »das gedruckte Wort oder das Wort, das über die Wellen des Radios verbreitet wird oder aber über die Funktelevision«. (Wir schreiben das Jahr 1931, und das Fernsehen mit seinen flimmernden Streifen befindet sich erst in seinen Anfängen.) Auch die Kinos könnten diesen Zweck erfüllen, denn »in allen Nationen der Erde muss ein ›Niepokalanów‹ entstehen, das es Maria ermöglichen wird, mit egal welchen Mitteln – auch den modernsten – zu wirken. Jede technische Erfindung muss vorrangig ihr zu Diensten stehen.« Und da ihm seine Krankheit doch noch eine ein- oder zweimonatige Pause ohne Fieber- und Zitteranfälle gönnte, profitierte er davon, um sein Programm in die Tat umzusetzen, und reiste ab.

»Wir haben Mai, einen Samstag. Der Eilzug ›Kyuko‹ bringt mich nach Kobe, eine Stadt, in der ich morgen eintreffen werde. Der Zweck dieser Reise? – Ich muss mir ein Visum und eine Fahrkarte besorgen – nach Indien. Und warum ich dorthin will? ... Es könnte sein, dass wir dort ein weiteres ›Niepokalanów‹ gründen können ... Welche Ruhe geht doch von dem heiligen Namen ›Maria‹ aus! Lasst ihn uns ohne Unterlass aus der Tiefe unseres Herzens wiederholen, damit er zum Atem unserer Seele wird.«

Sollte er Erfolg haben, dann würde es fortan drei Niepokalanóws geben: das erste in Polen, das zweite in Japan und das dritte in Indien. Es sollte aber nicht das vierte Niepokalanów vergessen werden, das im Paradies liegt, sagte er, nämlich bei den inzwischen verstorbenen Klosterbrüdern.

Auf dem Schiff nach Hongkong schrieb er viel; manche seiner Briefe versah er mit poetischen Anmerkungen: »Wieder einmal auf See. Wir sind in Sicht der Bleierzberge Chinas und befinden uns auf den Wellen des Ozeans.« Wie immer zog er die Menschen an: »Es gelingt mir nicht, meinen Gedanken nachzuhängen, weil ein guter kleiner Heide, der sich mir seit Beginn der Reise angeschlossen hat, neben mir sitzt und darauf wartet, dass ich aufhöre zu schreiben.« Es ließ sich bei Kolbe stets jene ihm eigene Kombination aus weltweiten Projekten und gleichzeitigem Zuwenden zu seinem Nächsten beobachten, vor allem, wenn es sich bei diesem Nächsten um einen bescheidenen Menschen oder gar ein Kind handelte. Dieses anhängliche Heidenkind hatte eine Seele, die man taufen konnte. Es fehlte nicht an salzigem Wasser; der Ozean schien für Kolbe vielleicht nichts anderes als ein riesiges Weihwasserbecken zu sein.

Als er in Hongkong eintraf, herrschte dort Dürre. Die Einwohner standen vor den Brunnen Schlange, die kaum Wasser hergaben, und wenn, dann zu unvorhersehbaren Zeiten. Kolbe, der ebenfalls Durst hatte, ging mit brennender Brust in die Stadt, um die Messe zu lesen und um Regen zu beten, der endlich kam. Ein Pole, der zufällig vorbeikam, schenkte ihm Bonbons, die er an Kinder weitergab. Am Abend bestieg er eine chinesische Barke, um auf das vor Hitze kochende Schiff zurückzukehren, über dem sich der Regen in Dampf verwandelt hatte. Er war von der Verschiedenartigkeit der Massen Chinas beeindruckt. »Betet«, sagte er, »dass ich nicht unter so vielen Heiden selbst zum Heiden werde.« Diese Gefahr war nicht sehr groß.

Zwischen Hongkong und Singapur versuchten die Schiffspassagiere – zumeist auswandernde Familien – sich vor allem Kühlung zu verschaffen, einen Luftzug zu erhaschen. Ihre herausgeputzten und mutwilligen Kinder erfüllten das Zwischendeck mit Lärm. Wenn sie dann endlich in Schlaf fielen, legten sie sich, eines gegen das andere gelehnt, auf den Boden. Wenn dann Kolbe, der wie gewöhnlich vor allen anderen aufgestanden war, diesen dunklen Raum durchqueren musste, um seine tägliche Messe in einem Salon des Schiffes zu lesen, bewegte er sich mit großer Vorsicht, um nicht auf eine Kinderhand oder ein Gesicht zu treten. Bei Tagesanbruch entdeckte er Seeschlangen, deren

Färbung er bewunderte; er erlebte, wie ein Schwarm fliegender Fische auf der Schiffsbrücke eine lange Spur kleiner weißer Eier hinterließ. Er träumte von Niepokalanów in Polen und dem von Japan und würde gern »den Schleier von der Zukunft reißen«, um zu sehen, wie das Niepokalanów Indiens aussehen würde. Er bangte zwischen Hoffnung und Zweifel, um dann doch diese Widersprüche im Glauben zu meistern. Er war keineswegs (wie ich dies an anderer Stelle gelesen habe) ein Mann mit »eisernem Willen« und mit »stählernen Nerven«; solcherart Metallurgie hatte nichts mit seiner Konstitution und seinem Charakter zu tun. Er war vielmehr empfindsam, spontan und seinen Ängsten ausgesetzt. Er schickte an die zwei Niepokalanóws Polens und Japans zwei Briefe, die mit Kohlepapier durchgeschrieben zu sein scheinen, so sehr gleichen sie sich in den Details ihres Inhaltes. Sie drehen sich um den grausamen Gedanken: »Was würde, wenn Niepokalanów zusammenbrechen sollte?« Dann kehrte er wieder zu seiner gewöhnlichen Schlussfolgerung zurück, die wie ein fatalistischer Schicksalsglaube unabwendbar war, nur dass es sich um einen passionierten Fatalismus handelte, der nicht in Indifferenz endete. Sollte unser Werk zusammenbrechen, sagte er, dann ist es Maria, die sein Ende beschlossen hat, und alle weiteren Anstrengungen unsererseits wären umsonst. Wenn es aber ihr Wille ist, dass wir unsere Anstrengungen fortsetzen, dann lasst uns nichts fürchten, weder Hindernisse noch Störungen, »noch unsere eigenen Unzulänglichkeiten«. Aber sein Plan sollte von Erfolg gekrönt sein.

In Singapur gestattete er sich eine Stunde der Entspannung wie ein normaler Tourist: »Man sagt, hier gebe es noch Tiger, natürlich nicht in der Stadt. Gestern haben mir meine netten Gastgeber die Umgebung gezeigt. Wir haben jedoch keines dieser schönen Tiere unter den Palmen, auf den Gummibäumen oder in den Tiefen der hier immergrünen Vegetation angetroffen. Nur im zoologischen Garten haben uns Äffchen im Vorbeigehen gegrüßt.«

Wieder einmal stellte er fest, dass gewisse Missionare so fest ihren Platz behaupteten, dass sie nur ungern das Eintreffen einer Verstärkung sahen, die sie zwingen könnte, ihren Platz zu teilen. Er verdächtigte sie, mehr Zeit mit der Suche nach den ihnen fehlenden Dollars zu verbringen als für die Seelen, die ihrer bedürften, und lichtete die Anker.

Nun war er wieder auf See und ließ seine Gedanken schweifen. Auf der Höhe von Malakka, »wo man am Horizont sowohl die finsteren Berge wie die auf Meereshöhe liegenden Landstreifen sieht«, schrieb er an seinen Provinzial und fragte sich, warum er es überhaupt tue. »Wozu dieses sinn- und ergebnislose Schreiben? ... Ich weiß nicht, was mich erwartet, noch weiß ich, wie ich das, was auf mich zukommt, schaffen werde. Manchmal möchte ich schon gern in die Zukunft blicken können.« Aber sein Provinzial hatte ihm geraten, »was ihm durch den Kopf geht, aufzuschreiben«; so schrieb er denn drauf los, bis die Zeit um war und er in Ernakulam an der Westküste Indiens an Land gehen konnte. Es dauerte noch fünf Tage. Am sechsten Tag schickte er an seine Brüder in Polen folgendes Telegramm: »Informiert den Ordensprovinzial. Stop. Amalam, das indische Niepokalanów, ist gegründet. Stop. Ruhm sei der *Immaculata*. Stop. Maximilian.«

Wie konnte er es in weniger als einer Woche schaffen, ein Ordenshaus zu gründen beziehungsweise die Mittel zur Gründung einer solchen Niederlassung Tausende von Kilometern von seiner Basis entfernt zu realisieren, in einem Land, das er nicht kannte? Auf dem Rückweg erzählte er es dem Provinzial, der sein Gekritzel gern gelesen haben wird, in einem langen Brief:

Kurz vor seiner Ankunft in Indien hatte er auf dem Schiff die Bekanntschaft eines jungen Priesters, der zum syrisch-katholischen Ritus gehörte, gemacht. Nach ihrer Ankunft brachte ihn dieser zu seinem Erzbischof, der Kolbe mit großzügiger Gastfreundschaft empfing, ihn in seinen Plänen jedoch nicht ermutigte. Eine Gruppe von Weltgeistlichen betrieb bereits eine Druckerei und veröffentlichte einige Zeitschriften. Den ersten Tag verbrachte Kolbe damit, ihre Methoden und das Schlachtfeld zu studieren. Er erfuhr, dass der lateinische Erzbischof kein Einheimischer sei, woraus er Hoffnung schöpfte; er hörte, dass er vielmehr gebürtiger Spanier sei (was ihn etwas befremdete) und dass er außerdem Karmelit sei, was ihm vollends missfiel: Ein Erzbischof ausländischer Herkunft müsste doch eher geneigt sein, einen anderen Ausländer zu verstehen; es stand aber noch nicht fest, ob ein spanischer Karmelit einen polnischen, in Rom ausgebildeten Franziskaner verstehen würde.

Am nächsten Tag meinten die Mitarbeiter des Erzbischofs, deren Ansichten Kolbe über seine Chancen, Monsignore von seiner Sache zu überzeugen, einholte, ausweichend, er könne es ja einmal versuchen. Am Nachmittag brachte ihn der bischöfliche Wagen (des syrisch-katholischen Bischofs) zum Ufer eines großen Flusses, der mit einer Fähre überquert wurde. Dort wurde auch der (lateinische) Erzbischof erwartet. Er traf tatsächlich ein, begrüßte Kolbe liebenswürdig und erzählte ihm während der bis zum Anlegeplatz zurückzulegenden Strecke bis in die kleinsten Einzelheiten die Geschichte seiner Diözese aus den letzten drei Jahrhunderten. Man verabredete sich zum Mittagessen. Kolbe war überhaupt nicht zu Wort gekommen und befand sich in diesem Moment auf gut Italienisch in einem *buio pesto*, oder auf Deutsch in einem »finsteren Loch«, aus dem er nicht wusste, wie er wieder herauskommen konnte.

Am darauffolgenden Tage, als er im Gang des (syrisch-katholischen) erzbischöflichen Palais darauf wartete, dass man ihn zum Palais des (lateinischen) Erzbischofs brachte, sah er auf einer Konsole eine Statue der heiligen Theresia von Lisieux stehen, die mit »rosenähnlichen« Blüten geschmückt war. Er vertraute ihr seine Sorgen an. Dabei gehorchte er einem früher einmal mit ihr geschlossenen Pakt, wonach sie ihm bei seinen missionarischen Aufgaben helfen würde als Gegenleistung für sein tägliches Gebet zur Unterstützung ihrer Heiligsprechung. »Wir werden ja sehen«, sagte er zu ihr aus seiner niedergeschlagenen Stimmung heraus, »ob du dich daran erinnerst.« – »Genau in diesem Augenblick«, erzählte er später, »ist eine Blüte auf die Konsole gefallen. Ich gebe zu, dass dies auf mich einen gewissen Eindruck machte, und ich dachte: Wir werden bald erfahren, ob dies von Bedeutung war.«

Es sollte von Bedeutung gewesen sein, denn der lateinische Erzbischof und spanische Karmelit, der tags zuvor so viel über Geschichte gesprochen hatte, um die Geschichten eines unerwarteten und rührigen Missionars nicht hören zu müssen, änderte seine Einstellung total. Er bot Kolbe ein Grundstück an, ein Haus, eine Kapelle, und als sein sprachloser Gesprächspartner nach den Konditionen fragte, antwortete ihm der Monsignore: »Es ist eine Schenkung.« Man muss nur zu beten verstehen.

Das Ende seiner missionarischen Tätigkeit

Die kleine Theresia von Lisieux, die im Alter von zwanzig Jahren 1897 verstarb, ist zweifellos die populärste Heilige der Welt. Entgegen den von ihr existierenden verniedlichenden Darstellungen war dieses junge Mädchen ein großes mystisches Genie. Ihre Schriften sind von sehr hohem Niveau, was den Unterschied zwischen Stil und Talent ausmacht. Kolbe hatte sich ihr – wie wir gesehen haben – schon in ganz jungen Jahren verschrieben, und zwar lange Zeit ehe sie zur »Patronin der Missionen« ausgerufen wurde. Diese zwei gleichgesinnten Geister mussten zueinander finden: Beide hatten sie den brennenden Wunsch, die Welt zu bekehren; beide wollten dies bewerkstelligen, nicht indem sie den Menschen eine Doktrin aufzwangen, sondern indem sie sie für die Liebe durch Liebe gewinnen wollten. Kolbe war keineswegs ein begriffsstutziger Fanatiker, der anderen seine Ansichten aufzwingen wollte; vielmehr glaubte er – und er hat dies auch niedergeschrieben –, dass selbst jedes dem Katholizismus fremde Denken einen Teil Wahrheit enthalte, die man um jeden Preis entdecken müsse, um darüber den Dialog zu eröffnen. Diesen Teil Wahrheit suchte er sogar im Marxismus, der immerhin am genau entgegengesetzten Ende seines Credos lag. Auch die junge Karmelitin von Lisieux wünschte von ganzem Herzen, dass sich die Welt zu Christus bekehre oder wiederbekehre, und versuchte über das Opfer der langsamen Selbstkasteiung und der Kontemplation das zu erreichen, was Kolbe durch die Entfaltung seiner schöpferischen Vorstellungskraft zu realisieren versuchte, die ihn räumlich und zeitlich ständig weiterführte, ohne Rücksicht auf seinen armen, ausgebrannten Körper.

Auf dem Schiff, das ihn nach Japan zurückbrachte, rief er sich die Zeichen ins Gedächtnis, die ihm die kleine Schwester vom Kinde Jesu in reichem Maße zuteilwerden ließ: die ihr geweihte Kirche – die inzwischen von einem sehr entfernten Verwandten betreut wird –, wohin er am Vorabend vor seiner Abreise geführt wurde. Er erinnerte sich an die Bilder und die Statuen der Heiligen, mit denen er fast überall auf seiner Reise (um mit Kolbe zu sprechen) »zusammenstieß«; er dachte an die Episode mit der Rose und an den plötzlichen Sinneswandel des Erzbischofs von Ernakulam, der wie sie Karmelit war. All dies erschien ihm ein ausgezeichnetes Omen für das künftige »Niepokalanów« Indiens zu sein. Leider Gottes würden ihn widrige Umstände, unvorhergesehene Ereignisse und auch seine Krankheit an einer Rückkehr nach Indien hindern, und die Rose oder die »rosenähnliche Blüte«, die aus dem Strauß der heiligen Theresia fiel, würde auf der Konsole des erzbischöflichen Palais bis zu dem Tag dahinwelken, an welchem andere Franziskaner ihr einen neuen Blumenstrauß hinstellten. Aber an welchem Tag würde das sein? Dass dies eintreffen sollte, darüber bestand kein Zweifel, denn mehrere von Kolbes Projekten, zum Beispiel die Gründung einer amerikanischen und englischen Niederlassung, wurden binnen Kurzem oder Langem nach seinem Tode realisiert.

Doch das Klima Japans bekam ihm nicht. Jedem fiel dies auf, nur ihm selbst nicht. »Ich habe soeben erfahren«, schrieb er an den Provinzial in Lwow, »dass Ihnen Pater Costanzo mitgeteilt hat, ich sei bei schlechter Gesundheit. Nun, ich dagegen kann Ihnen versichern, dass ich mich besser fühle als zu dem Zeitpunkt, da ich nach Indien aufbrach. Vielmehr habe ich mir nach meiner Rückkehr sogar viel Schlaf gegönnt, nachdem ich auf der Schiffsbrücke nur in einem Liegestuhl ausgestreckt hatte schlafen können; außerdem frühstücke ich neuerdings sogar von Mal zu Mal. Wegen eines geschwollenen Fußes musste ich eine Zeit lang hinken, aber der Fuß heilte von selbst wieder. Ich arbeite jetzt wieder ganz normal an meinem Tisch im Refektorium; was will ich noch mehr? … All diese Bemerkungen zu meinem Gesundheitszustand sind nur auf die schwachen Nerven des guten Paters Costanzo zurückzuführen«, der nichts vom Ideal von Niepokalanów versteht und sich einbildet, dass »die Sache der ›Unbefleckten Empfängnis‹ sich seit der Verkündigung des Dogmas von selbst verstehe und es fortan genüge, sie mittels einer erstklassigen Zeremonie und einigen Kirchenliedern zu verehren«. Wie alle Soldaten der vordersten Front ertrug Kolbe die Mentalität der Etappe nur schlecht; diese rief vielmehr in ihm eine ziemlich seltene Reaktion hervor, nämlich Ironie.

Hielt sich der »gute Pater Costanzo« resolut diesseits des Ideals von Niepokalanów, so glaubten andere wiederum, es auf dem Wege über eine Abkürzung zu erreichen: »In diesen Tagen«, schrieb Kolbe, »sind uns Schwierigkeiten bekannt geworden, die den katholischen Schulen zu schaffen machen, welche sich nicht an den heidnischen Gebräuchen des Landes beteiligen.« (In dieser Zeit verehrten die Japaner ihren Kaiser mit einem fast göttlichen Kult, den die Katholiken unmöglich mitmachen konnten.) »Es gab Gerüchte von einer möglichen Katholikenverfolgung. Als die Brüder davon hörten, waren sie so darüber begeistert, dass ich ihre Begeisterung dämpfen musste, indem ich ihnen sagte, sie sollten sich nicht allzu sehr freuen. Sie sahen sich bereits als Märtyrer.« Nicht immer trifft das Schlimmste ein. Zum Schluss sollten sich die Japaner, die den Katholizismus (im Jahre 1941) offiziell zulassen werden, mit einer einfachen Respektsbekundung gegenüber der kaiserlichen Person und Funktion zufriedengeben. Selbst wenn einem die Gelegenheit für ein äußerstes Eintreten für den Glauben entgeht, so bleibt immer noch das tägliche Zeugnis, das gar nicht so leicht erbracht werden kann. Man glaubte sich auf dem schnellsten Wege zum »Ideal von Niepokalanów«, wobei der geschwollene Fuß noch schneller als der gesunde ausschritt, und erkannte plötzlich, dass man keineswegs so losgelöst von sich selbst war, wie man das gern glauben wollte: »Meine heiß geliebten Söhne …: Wenn ich Euch einen Brief auf Japanisch schreibe, so aus einem Anflug von Eitelkeit, dass ich mich in dieser Sprache ausdrücken kann. Aber sofort fiel mir auf, dass sich dadurch mein Pakt mit der Heiligen Jungfrau lockerte; als ich vor ihrer Statue niederkniete, schien mir, als ob sie mich vorwurfsvoll, beinahe zornig anschaute.

Meine lieben Kinder, lasst Euch nie von einem solchen Gefühl verleiten. Wenn Ihr Euch schuldig fühlt, sei es aufgrund einer schweren, vollbewussten und wiederholten Sünde, dann überlasst Euch nicht der Entmutigung, sondern vertraut Euch Maria an, bekennt ihr Euren Fehler, ohne ihn näher zu prüfen oder zu analysieren …

Jeder, selbst ein schwerer und wiederholter Fehler soll für uns nichts anderes bedeuten als einen Schritt zur weiteren Vervollkommnung. Die *Immaculata* lässt uns nur deshalb sinken, um uns von unserer Eigenliebe, unserem Stolz zu heilen und uns zur Demut zu führen, die uns für die göttliche Gnade empfänglicher macht. Der Teufel wird unter solchen Umständen dagegen versuchen, uns einen Mangel an Selbstvertrauen einzuflüstern sowie eine Niedergeschlagenheit, die nichts anderes als neue Zeichen von Stolz sind. Wenn wir einsichtig sind für unser eigenes Elend, dann werden uns unsere Rückschläge nicht mehr erstaunen, sondern wir werden uns nur noch wundern, dass wir nicht noch tiefer gesunken, nicht öfter gefallen sind – wofür wir Gott danken. Ohne die göttliche Gnade und die barmherzige Hilfe Marias gäbe es keine Sünde, deren wir nicht fähig wären.

Deshalb können wir nicht damit rechnen, die Süßigkeit und Milde der marianischen Hingabe ohne Unterlass zu erfahren, denn dies käme geistiger Gier gleich.«

Er hatte auf alles ein wachsames Auge und auch die Feder dazu. Er zähmte den Eifer der Anwärter auf das Märtyrertum mit einem Satz, dessen Tenor warnend und vielversprechend zugleich war: »Freut Euch nicht zu bald.« Auch zügelte er den Hang zur Übertreibung der Redakteure des *Ritters*: »Sie sollten in ihren Danksagungen nicht ständig die Worte ›Wunder‹ oder ›wunderbar‹ verwenden, denn die Tatsachen sprechen gut genug für sich selbst.« Einem jungen Mönch, der zweifellos den »Halbnarren der *Immaculata*« zu imitieren glaubte, indem er mit »der Hund Marias« unterschrieb, riet er, eine andere Metapher zu suchen. Er hatte nichts von einem Fanatiker an sich, denn ein Fanatiker entsteht durch die Ablehnung und die Indifferenz gegenüber anderen, und genau dieser Unterschied interessierte ihn. Kolbe hatte nichts Exaltiertes an sich, denn wie alle Mystiker hütete er sich vor jenen Augenblicken gestörter Sublimierung, in denen man seine Abwesenheiten leicht für Präsenz und sein Delirium für Ekstasen hält. Er wusste, dass er nicht vollkommen war, und seine Briefe glichen oft genug Bekenntnissen, in denen er sich übrigens mit Mäßigung anklagte und nicht in den Fehler der Heiligen vergangener Zeiten verfiel, sich auf die Brust schlagend als »den größten Sünder der Welt« anzuklagen, den dann sein Schutzengel mit einem freundlichen Tipp auf die Schulter an die Bescheidenheit erinnern musste. Aber Kolbe liebte und diese Liebe flüsterte ihm zuweilen Sätze ein, bei denen er vergaß, dass es ihm angeblich an Eloquenz fehlte: »Meine lieben Kinder, ich wünsche Euch, dass Ihr von der Milch der Gnade und der Liebe Marias genährt seid, dass sie Euch erziehe, so wie sie Jesus – unseren älteren Bruder – erzogen hat, damit Er mehr und mehr auch an uns die Gesichtszüge erkennen möge, die seine Mutter Ihm gegeben hat.«

1933 verbrachte er erneut einige Wochen in Polen, wo das Generalkapitel tagte. Diese feierliche Zusammenkunft nahm in seiner Korrespondenz sehr wenig Raum ein. Sein Bericht wurde dagegen ausladend, als es um eine unerwartete Bekehrung, nämlich um diejenige eines in Warschau akkreditierten japanischen Gesandten ging. Fast könnte man sagen, Kolbe habe Japan nur deshalb verlassen, um diesen Sohn der aufgehenden Sonne, dessen Ehefrau bereits katholisch war, im Angesicht des Todes zu taufen:

»Am vereinbarten Tage hat uns ein Automobil, in dem außer der Frau des Ministers auch dessen Mutter und ich saßen, sehr schnell nach Otwock gebracht.« (Dort werden Lungenkranke gepflegt.) »Auf dem Wege dorthin erfuhr ich, dass der Minister Heide sei, dass er es jedoch immerhin erlaubt hatte, dass seine Kinder getauft wurden. Ich hörte, dass er gute Beziehungen zu Jesuitenpatres unterhalte und der katholischen Religion nicht feindlich gegenüberstehe.

So besuchte ich ihn also, wobei wir eine kleine Unterhaltung über die Religion hatten. Er konnte leicht verstehen, dass es nur eine Wahrheit gibt und dass es folglich die eine wahre Religion auch nur einmal gibt. Er stimmte mit mir darin überein, dass es nur einen Gott gibt. Als wir aber auf das Geheimnis der Heiligen Dreifaltigkeit zu sprechen kamen, gab er zu bedenken, dass auch die Chinesen an etwas Ähnliches glauben. Ich gab gern zu, dass es in den verschiedenen, so uneinheitlichen Religionen der Welt viele mehr oder weniger verzerrte und verdunkelte Wahrheiten gebe.

Seine Frau händigte ihm eine der Medaillen der *Immaculata* aus, die ich ihr vorher für ihre ganze Familie geschenkt hatte. Er nahm sie entgegen und legte sie auf seinen Nachttisch.

Danach zeigte er mir ein auf Französisch geschriebenes Buch mit dem Titel *Jésus-Christ* und erklärte mir, dass ihn dieses Buch nicht überzeugt habe, auch nicht sein kurzer Besuch in Lourdes.

Man konnte beobachten, wie seine Krankheit fortschritt und dass er auf dem Wege zum Sterben war; sein abgezehrtes Gesicht und seine durchscheinenden Hände wiesen eindeutig darauf hin.

Auf der Rückfahrt setzten wir als Termin für die Taufe einer Dienerin das Fest von Mariä Himmelfahrt fest. Das Dienstmädchen wünschte getauft zu werden, musste aber vorher erst noch unterrichtet werden.

Wir mussten dann diese Feier jedoch verschieben. Am Vorabend von Mariä Himmelfahrt verschlechterte sich der Gesundheitszustand des Ministers derart, dass wir uns in großer Eile zu ihm begaben. Wir fuhren von der Gesandtschaft aus gemeinsam mit ihrem Geschäftsträger, dem japanischen Arzt Misawa, der eigens aus Berlin gekommen war, sowie mit Dr. Rudzki aus Warschau ab. Ich bat Dr. Rudzki, mir nach seiner Visite offen zu sagen, wie es um den Kranken stehe, weil es um seine Taufe gehe. Die Antwort von Dr. Rudzki in Otwock lautete: ›Was Sie tun müssen, Pater, müssen Sie sofort tun: Der Kranke wird noch heute sterben.‹

Inzwischen war auch der Apostolische Nuntius informiert worden. Irgendetwas hatte ihn dazu veranlasst, vor Mariä Himmelfahrt aus seinem Urlaub zurückzukehren und nicht erst nach dem Fest, wie er es ursprünglich beabsichtigt hatte. Ich konnte ihn telefonisch erreichen, und er versprach, so schnell wie möglich zu kommen. Wir hatten beschlossen, auf ihn zu warten, und als er im Korridor erschien, informierte ich ihn sofort über die Situation, und er ging zu dem Kranken. Er erinnerte ihn an ihre alte Freundschaft und setzte ihm die wesentlichen Wahrheiten des Glaubens auseinander. Während dieser Zeit verharrten die Frau des Ministers, ihre Schwester, die beiden Sekretäre des

Nuntius und ich selbst auf der anderen Seite der Tür im Gebet: Wir beteten ein jeder still für den Kranken.

Und die Gnade des Glaubens kehrte in das edle Herz des Ministers ein. Nachdem er noch einige weitere Aufklärungen erhalten hatte, antwortete der Minister auf die ausdrückliche Frage des Nuntius:

›Ich glaube, ich glaube.‹

›Und wollen Sie getauft werden?‹

›Ja, ich will es.‹

Der Nuntius goss ihm das Taufwasser über den Kopf und sprach: ›Francesco, ich taufe Dich im Namen des Vaters, des Sohnes und des Heiligen Geistes.‹

Nach der Taufe kehrte eine große Freude in das Herz des Ministers ein, wie alle, die ihn umgaben, bezeugen können. Einige Stunden später wurde seine Seele, die so rein wie ein Engel war, von der *Immaculata* ins Paradies aufgenommen; dies war am Vorabend ihrer Himmelfahrt.«

Im Haus des Ministers wurden diejenigen unter seinen Dienern, die noch nicht getauft waren, drei Wochen später ebenfalls getauft. Ich habe diesen Brief aus dem einfachen Grund fast vollständig wiedergegeben, weil er viel länger als seine anderen Briefe ist und zeigt, bis zu welchem Grad Kolbe seine Aufmerksamkeit seinen Mitmenschen widmete, die unvergleichlich viel wichtiger für ihn waren als äußere Ereignisse. Man könnte dagegen einwenden, dass es sich in diesem Falle ja um einen »Gesandten« und eine so wichtige Persönlichkeit gehandelt habe, dass sogar ein Apostolischer Nuntius bemüht wurde, außerdem zwei Ärzte und drei Geistliche. Es war aber nicht der Diplomat, der Maximilian Kolbe so sehr interessierte, es war vielmehr der Japaner.

Nach seiner Rückkehr nach Nagasaki schrieb er seiner Mutter einen liebevollen Brief: »Die Reise verlief gut. Wir sind nicht ertrunken, wenn es die Brüder in Niepokalanów auch befürchteten, als sie hörten, dass ein japanisches Schiff gesunken ist.« Die Mutter war damit beruhigt, nicht ganz Kolbe selbst. Man wusste ja nicht, welche Art Wunsch sie bei einem Gelübde formuliert hatte, dass es ihr Sohn für nötig hielt zu schreiben: »Sterben ist tatsächlich gar nicht so leicht.« Sollte sie vielleicht, trotz ihrer unleugbaren Berufung zum Klosterleben, nach Josefs Tod es nur schlecht ertragen haben, dass Maximilian weit von ihr entfernt lebte und ihr ältester Sohn Franz, von dem sie keinerlei Nachrichten hatte, verschwunden blieb? Hatte sie vielleicht in beunruhigenden Worten zu verstehen gegeben, dass sie es müde war, so oft und so grausam von denjenigen, die sie liebte, getrennt zu sein? Kolbe hoffte, ihr ein wenig Mut zu machen, wenn er seiner Beobachtung über die Schwierigkeit des Sterbens noch Folgendes hinzufügte: »In zwei Jahren wird ein weiteres Generalkapitel tagen. Dann werde ich wieder an die Pforten in der Rue Smolensk klopfen«, wo sich das Kloster befand, in dem Maria Kolbe lebte. Zwei Jahre also – das schien ihm eine vernünftige Zeitspanne zwischen zwei Besuchen privater Art zu sein, Besuchen, die nicht unmittelbar mit der Bekehrung des Planeten zu tun hatten.

Er war nicht ertrunken, aber was ihn zu überschwemmen drohte, war die Arbeit. Als Journalist schwamm er in Tinte, unermüdlich schwärzte er Papier für seine Publikationen, die – wie russische Puppen – eine aus der anderen herausgeschält wurden. Als geistiger Leiter unterrichtete er die Novizen, bildete die Seminaristen heran, beriet die Brüder, die zuweilen nichts wussten, und die Väter, die nicht alles wussten. Als Gründer setzte er Strategie und Taktik der Missionsarbeit fest und überwachte gleichzeitig aus den Augenwinkeln die Missionare anderer in Japan etablierter Orden, die in ihm eher einen Konkurrenten als einen Verbündeten sahen. Er ließ den Ortsbischof nicht aus den Augen, da es ihm angeraten schien, seinen guten Willen durch einige höfliche Aufmerksamkeiten zu erhalten. Er ermahnte, ermutigte, wachte aus der Ferne über das polnische Niepokalanów, erstattete seinen Vorgesetzten Bericht, und zwar umso pünktlicher, als er selbst geradezu eine Theologie des totalen Gehorsams predigte, weshalb einige seiner Vorgesetzten, wie wir uns erinnern, bereits daran dachten, die Expedition abzubrechen. Und er betete, er vertiefte sich in jene Art von Gebet, das zu Licht wird und bei ihm immer mehr dazu neigte, sich auf ein einziges Wort, auf »Maria«, zu verdichten. »Maria« zierte all seine Briefe, fasste seine Gedanken zusammen; Maria, »so nahe bei der Heiligen Dreifaltigkeit«, »tiefes Geheimnis«, das nur ein überhebliches und außerdem noch dummes Gehirn »sich anmaßen könnte zu erklären«. – »Es gibt Dinge«, sagte er, »die man nur auf den Knien betend lernen kann.« Weiter sprach er davon, dass die Anhänglichkeit und Zuneigung zu Maria »keine Sache der Intelligenz oder des Gefühles sei, sondern des Willens«.

Trotzdem gab es das, was man Erfahrungen der Gnade nennt oder persönliche Offenbarungen, denen der *Advocatus Diaboli* ebenso misstraut wie den Erscheinungen. Er glaubt, beim »Diener Gottes« (das ist Kolbe, der Angeklagte) die Tendenz beobachten zu können, sich von seinen privaten Offenbarungen leiten zu lassen, anstatt »solide in den von der Kirche gelehrten Wahrheiten verankert zu bleiben«. Jetzt hat die Anklage das Wort: »So war er also seines ewigen Heiles von einem mutmaßlichen Versprechen, das er von der allerseeligsten Jungfrau erhalten haben wollte, vergewissert worden.« In der Tat behauptete er eines Tages vor seinen Mitbrüdern feierlich: »Ich weiß, dass ich mein Paradies erlangen werde, und dies mit absoluter Sicherheit.« Da es aber nur aufgrund einer göttlichen Eingebung möglich ist, dass wir wissen können, dass uns unsere Sünden vergeben sind, ist es wichtig, zu erfahren, auf welche Art ihm ein solches Versprechen gemacht wurde. Aus dem Dossier geht dies nicht klar hervor. Vielmehr werden die Tatsachen so dargestellt, dass sie den Gedanken aufzwingen, Pater Kolbe hätte an einen Traum geglaubt. Tatsächlich berichtete Pater Florians Kocura: »Ich habe gehört, wie die anderen Mitbrüder erzählten, dass der Diener Gottes während seines Aufenthaltes in Japan und während seiner schweren Krankheit eine Erscheinung der Jungfrau Maria gehabt habe. Letztere soll ihm angeblich bestätigt haben, dass er gerettet sei.« Der Advokat unterstreicht die Worte »und während seiner schweren Krankheit«: Fieber kann zum Delirium führen.

Es ging Kolbe gesundheitlich sehr schlecht, was ihn aber nicht kümmerte. »Es sieht so aus, als ob mich einige schon mit einem Fuß in der anderen Welt stehen sehen. Dies mag für einen Fuß vielleicht zutreffen, aber nicht für die rechte Hand, die Ihnen diesen Brief schreibt, und die linke Hand, die den Briefbogen hält.« Der Orden hatte ihm, ohne dass er sich übrigens auch nur im Geringsten dagegen wehrte, einen Vorgesetzten zugeteilt, der damit beauftragt war, ihn von einigen seiner unzähligen Aufgaben zu entlasten und ihn bei der Leitung der Niederlassung, »so wenig heldenhaft sie auch sein mag«, zu unterstützen, dort, wo die franziskanische Kordel ihn am meisten drückte. Nun sollte eine Mittagsruhe eingeführt werden und eine Stunde der Erholung am Abend, und vor allem würde man Schweinsfüße auf polnische Art zu essen bekommen – welche exquisite Erinnerung! –, die alle Brüder, auch Kolbe, aufmuntern sollten. Er nutzte die Gelegenheiten der Freizeit dazu, sich eine neue Sorge aufzuhalsen: die Herausgabe eines Tagblattes in Polen, genannt *Maly Dziennik* oder *Kleine Zeitung*, das denselben Weg wie all seine anderen Veröffentlichungen gehen sollte, die man nun wohl schon ein Zeitungskonsortium nennen muss.

»Ich weiß wohl«, schrieb Kolbe an seinen Provinzial, »dass vonseiten von gut und gern tausend Theoretikern Einwände kommen werden, aber sobald die Auflage des

Maly Dziennik die der anderen Tageszeitungen überschritten und 100 000 Exemplare erreicht haben wird, werden diese Einwände nachlassen, auch wenn sie nie ganz aufhören werden. Jedes Ding in dieser Welt hat sein ›Aber‹.« Aus der Ferne, über Sibirien hinweg, schickte Kolbe seine Anweisungen. Es musste mit einer kleinformatigen Zeitschrift begonnen werden, die in jeder Hinsicht bescheiden sein und vorerst nur einen Monat lang erscheinen sollte. Würde das Experiment überzeugend verlaufen, könnte man es fortsetzen. Die Zeitschrift sollte so lange einigen Presseagenturen überlassen werden, bis man selbst eine eigene hatte. Da es überall Franziskanermönche gab, würde es auch an Pressekorrespondenten nicht mangeln. *Maly Dziennik* sollte auch die neuesten Nachrichten bringen, und da es darum ging, Maria den Zutritt in eine größtmögliche Zahl von Haushalten zu verschaffen, musste die Zeitschrift sehr billig sein, etwa das kosten, was den zwei Hellern einer Zeitung der Vorkriegszeit entsprach. Ihr Vertrieb? Nun, durch Straßenverkäufer, wozu in den Großstädten auch die Mitglieder der »Miliz« zählten, die durch den Verkaufspreis entlohnt würden. »Die Jungen, die kreuz und quer durch die Städte laufen, müssen von ihrer Arbeit leben können und vielleicht gleichzeitig etwas dabei lernen.« Der Inhalt der *Kleinen Zeitung* sollte derselbe wie der des *Ritters* sein, ergänzt durch Tagesnachrichten sowie moralische und geistige Kommentare. Da seine Redaktion nichts kosten würde, sein Vertrieb nicht viel, und da die Maschinen durch den *Ritter* bereits amortisiert waren, ließen sich die Kosten auf die von Druckfarbe und Papier reduzieren: Man konnte sich der Konkurrenz stellen.

Das Heft Nummer 0, eine Art Vorlage für das künftige Tagblatt, wurde ihm im Dezember 1934 vom polnischen Niepokalanów aus zugestellt mit der Bitte um Kritik und Urteil. Dieses erledigte er postwendend:

Zum Verkaufspreis: Dieser sollte nun doch höher als ursprünglich vorgesehen sein, nämlich anstelle von zwei sollte er fünf Heller betragen. Fünf Heller waren richtig; es sollte jedoch nochmals überprüft werden, denn es waren nicht viele dieser kleinen Münzstücke im Umlauf.

Zum Leitartikel: Er »kommt gut heraus« (das ist ein Ausdruck aus dem Buchdruck-Jargon).

Zum Umbruch: Er sprach von übertriebener Eile. Es gab viele Zeilen und manchmal ganze Kolonnen, die unordentlich gesetzt waren.

In der Eröffnungsausgabe, für welche das Team einen Leitartikel in riesigen Lettern mit dem grandiosen Titel »Was wir wollen« auswählte – was uns an das »Warum wir kämpfen« der amerikanischen Propaganda während des Zweiten Weltkrieges erinnert –, schrieb der zukünftige Chefredakteur, Pater Marian: »Damit unsere Tageszeitung würdig für die katholische Ehre kämpfen kann, muss sie von reichem und vielfältigem Inhalt sein, mit einer hervorragenden und künstlerisch gestalteten typografischen Aufmachung, die in jeder Hinsicht ihres erhabenen Inhaltes würdig ist.« Zeitungsbeilagen zeichnen sich normalerweise nicht gerade durch Bescheidenheit aus. Kolbe teilte die Ansicht des Herrn Chefredakteurs nicht. »Ich halte es nicht für angebracht, sich darum zu sorgen, wie Aufmachung und Inhalt derart gestaltet werden können, dass ›sie eines katholischen Tagblattes würdig‹ sind; vielmehr halte ich es für nötig, sie in ihrer Schlichtheit zu belassen, und zwar zu einem Preis, der eine möglichst große Streuung unter dem Volk ermöglicht.« – »Mit der Zeit«, fügte er hinzu, indem er sachte, aber ohne zu lächeln, mit den Augen zwinkerte, »werden wir die Höhen erreichen, die ›der Würde eines katholischen Sprachrohres‹ angemessen sind.«

Zum Leitartikel – und immer noch auf besagten Eröffnungsartikel anspielend – schrieb er: »Eine allzu starke Betonung dessen, dass der Unglaube von gebildeten Menschen bis zu jenen reicht, die keine Kultur und Bildung haben, könnte den Eindruck erzeugen, dass die Wissenschaft den Menschen dem Glauben entfremdet, was nicht der Wahrheit entspricht.«

Apropos Juden: Hier schien der Redakteur einen Anflug von Antisemitismus gezeigt zu haben: Es gehe nicht darum, die Juden vom Handel fernzuhalten, »sondern zum Wachstum polnischer Unternehmen beizutragen«. Darüber hinaus hatte Kolbe seinen Mitarbeitern schon zehnmal erklärt, dass es sich bei den Juden vor allem um Seelen handle, die wie andere Seelen durch Liebe gewonnen werden müssen. Es schien, dass einige unter ihnen mehr oder weniger von der öffentlichen Meinung beeinflusst worden waren, die den Juden ständig ihr Anderssein vorwarf, nachdem man sie ja dazu gezwungen hatte, im Teufelskreis der Minderheiten zu verharren.

Kolbe kam mit derartigen Kreisen nicht zusammen.

Mit dem restlichen Entwurf des Tagblattes war er einverstanden, vor allem natürlich mit der Nennung des Herausgebers: »Veröffentlichungen der Immaculata«. Dies sei sehr schön und richtig, sagte er, denn es handle sich um ihr Unternehmen. So sollte es wenigstens sein, denn wie wir sehen werden, wird er nicht immer mit dem Geist des Tagblattes *Kleine Zeitung* einverstanden sein, das vom 27. Mai 1935 bis zum 4. September 1939 erschien, dem Datum des Beginns der schnellen Unterwerfung Polens durch die Armeen Hitlers und der Sowjetunion. Die Auflagenhöhe der letzten Ausgabe sollte eine Million Exemplare betragen.

Kolbe interessierte sich nicht nur für seine Zeitungen und seinen missionarischen Auftrag, er kümmerte sich auch um die Gesundheit seiner Mitarbeiter, zum Beispiel von Bruder Alexis, der sich in einer Krise überspitzter Skrupel befand, wie er sie selbst im gleichen Alter durchgemacht hatte, sodass er ihn besser als jeder andere verstehen konnte. Er war um Bruder Yves besorgt, der von schlimmen Übeln befallen war und trotzdem scherzte und lächelte und dessen Mut er bewunderte. Aber während er seine Kranken zur Beobachtung ins Krankenhaus schickte, wurde er seinerseits vom neuen Oberen von Nagasaki aufmerksam beobachtet, welcher dann auch seine Besorgnis um ihn der polnischen Gemeinschaft von Niepokalanów mitteilte: »Pater Maximilian ist krank, er hustet, das Sprechen ermüdet ihn. Er hat soeben einen Arzt aufgesucht; ich mache mir Sorgen um ihn … Die *Immaculata* weiß, in welche Schwierigkeiten wir mit der Schule, mit dem Seminar und mit dem *Ritter* noch kommen werden … Betet, damit wir wenigstens die Seminaristen noch bis zu ihrer Priesterweihe führen können … Seit dem letzten Sommer wird Pater Maximilian immer schwächer.«

Trotz der Gleichgültigkeit, mit welcher er mit seiner Gesundheit umging, wusste Kolbe schon, an wen er sich halten musste: »Ehrwürdiger Vater Generalprokurator«, schrieb er im Mai 1935, »würden Sie mir einen Gefallen erweisen? Ich fühle mich ziemlich verbraucht und weiß nicht, wann meine irdische Pilgerschaft zu Ende gehen wird … Aber ehe ich die Augen schließe, würde ich – sollte es Maria gefallen – sehr gern den offiziellen Akt der Marienweihe der ›Miliz‹ erleben.« Übrigens wünschte er sich, dass der gesamte Franziskanerorden mit einer Art zusätzlichem Gelübde Maria geweiht würde. Seine Idee wurde positiv aufgenommen, musste aber erst noch die hierarchischen Instanzen durchlaufen und von den Theologen und Juristen geprüft werden, was aus einer einfachen Idee eine komplizierte machte.

In einem sehr langen, am 12. Juli 1935 an einen Pater in Niepokalanów gerichteten Brief schrieb er indirekt von den Übeln, unter denen er litt, die jedoch für ihn in die Logik des geistigen Kampfes eingebunden waren: »Keine Geburt ohne Wehen. Außerdem, gibt es überhaupt Opfer, die zu groß wären, wenn es sich um Maria handelt? Wir haben uns ihr ja nicht nur in der Theorie, sondern in Wirklichkeit ganz real geweiht. Wenn wir nicht müde werden, für sie zu kämpfen, um für sie die Welt zu erobern, werden auch die Leiden nicht aufhören, uns heimzusuchen. Und je mehr wir unverzagt für sie kämpfen, umso drückender und zahlreicher werden diese Leiden sein. Aber nur bis zu unserem Tode, denn nach diesem folgt die Auferstehung. Und sollte Maria uns nicht belohnen (was unmöglich ist), so opfern wir uns ihr doch nicht mit weniger Feuer und Begeisterung, denn es ist ja nicht die Belohnung, sondern sie ist es, die wir lieben.«

Seine körperliche Zerrüttung bewirkte übrigens nur, dass seine Gesinnung noch lauterer und brüderlicher wurde. Obwohl es ihm Mühe bereitete, eine Feder zu halten, schrieb er einem guten Pater zehn Seiten lange Abhandlungen über die mystische Theologie. Dieser Pater wusste nämlich nicht, wie er sein Herz unter den verschiedenen Möglichkeiten der Hingabe aufteilen sollte. Er schrieb zehn Seiten an seine Brüder in Niepokalanów mit Ausführungen über die praktische Weisheit. Diese Brüder schienen vom Baufieber gepackt zu sein: »Eure Bauprojekte beunruhigen mich«, schrieb er ihnen. »Soll Niepokalanów langsam in die Mittelmäßigkeit einer feststehenden Lage abgleiten? Die Gebäude, mit denen Ihr Eure Baracken zu ersetzen gedenkt, kann man neuen Anforderungen weniger leicht anpassen, ganz abgesehen davon, dass sie im Falle eines politischen Umsturzes zur Annexion einladen. Ihr werdet für die Gebäude das Geld und die Mittel ausgeben, die besser für die Ausbreitung des Glaubens investiert werden sollten. Habt Ihr vergessen, dass unser erster Kassierer der selige Cottolengo gewesen ist, dessen Bild in der Pappschachtel klebte, in welcher wir die ersten Heller für unsere Sache aufbewahrten, die uns so sehr am Herzen liegt? Ich schicke Euch anbei sein Bild.« Er beklagte sich nur über eines, seinen Mangel an Zeit, der ihn daran hinderte, auf das ihm von den »Heiden« entgegengebrachte Vertrauen so zu antworten, wie er es gern wollte. Mehr und mehr Heiden, deren »sprichwörtliche Härte« zu schmelzen begann, wandten sich ihm zu.

Heute ist Japan eine der Großmächte unserer Erde, es zeigt sich fähig, mit Kohärenz und Entschlossenheit allen Herausforderungen und Gefahren der Geschichte zu trotzen. Aber die Atombombe hat nicht nur zwei seiner Städte vernichtet, sie hat Japan auch in seinem alten Glauben erschüttert, sodass man in ihm einen kaum wahrnehmbaren Bruch erkennt, der es gleich einem plötzlichen Erdbeben einer brutalen und kollektiven Depression aussetzen könnte. Sollte diese eines Tages eintreten, vielleicht erinnert es sich dann an den kleinen Franziskaner mit dem großen Bart, der »das mandeläugige Volk« liebte und dessen bescheidenes Kloster in Nagasaki sich den ersten Waisen der nuklearen Ära öffnete. Ein Volk kann nicht lange ohne Glauben leben.

Da jedoch Schweinsfüße nicht allem gerecht werden können, war es notwendig geworden, Kolbe einem Klima zu entreißen, das ihn zerstörte. Er musste nach Polen zurückgeholt werden. Das neue Generalkapitel bot die Gelegenheit dazu, die der Generalobere, der liebevoll über ihn wachte, nicht ungenutzt verstreichen ließ. Im März 1936 teilte Kolbe seiner Mutter seine bevorstehende Abreise mit: »Sollte der Krieg vorerst noch nicht ausbrechen, dann werde ich von hier in den ersten Junitagen nach Polen aufbrechen, für den Fall, dass ich mit dem Schiff reisen kann, oder in den letzten Junitagen, wenn es über Sibirien möglich ist.« Er reiste zu einem früheren Zeitpunkt ab: »Während das Schiff sich immer weiter von der Küste entfernte«, so schrieb er am 25. Mai an die Brüder in Nagasaki, »kam mir folgender Gedanke: Und wenn es zum letzten Mal sein sollte, dass ich dieses Land betrachte? Etwas trieb mir die Tränen in die Augen.«

Es sollte tatsächlich das letzte Mal sein.

Die Monster

Das Fehlen ewig gültiger Gesetze führt zur Barbarei. Die Französische Revolution hatte dies begriffen, denn sie setzte ihrer Deklaration der Menschen- und Bürgerrechte die folgende, gern vergessene Präambel voran: »in Anwesenheit und unter der Aufsicht des Höchsten Wesens«. Sie sprach zwar nicht von einem an die alte Ordnung mahnenden Gott, aber sie wusste, dass ohne göttliche Gewähr und ohne ein »höchstes Wesen«, das den Rechtsprinzipien eines Staates sakralen Charakter verleiht, dem Machtstreben weder Zügel angelegt werden können noch ein Gesetz bestehen kann, das dem Gewissen der Menschen gebietet und gleichzeitig Richtschnur und Schutz jedes Einzelnen ist. Man ist nicht gezwungen, diese Wahrheit zu akzeptieren oder an sie zu glauben, aber man ist gezwungen, sie zu leben. Das Europa der Vernunft, das so stolz darauf ist, das Europa des Glaubens besiegt zu haben, und das dem »höchsten Wesen« nicht einmal mehr eine kleine Höflichkeitsbezeugung erweisen will, wird daraus seine Erfahrungen machen müssen, dann nämlich, wenn sich die sanfte Verrücktheit der Zwanzigerjahre in den Dreißigerjahren in absoluten Wahnsinn verwandeln wird. Die Menschenrechte werden von den Monstern der totalitären Brut abgeschafft werden, es wird zu Klassen- und Rassenhass, zu Hass auf die Juden und Hass auf die »bürgerliche Demokratie« kommen. Der Hass wird in der Welt zum ersten Mal zu einem Grundprinzip der menschlichen Gesellschaft werden. So sieht die große Neuheit dieses Jahrhunderts aus.

Im Osten verbietet das von politischem Hass erzeugte System den Menschen jede andere Zweckbestimmtheit als sich selbst, es versperrt und verschließt die Grenzen seines Purgatoriums. Die Partei konstituiert sich als Idol (denn wir können hier nicht von Ideologien, sondern müssen von Götzenverehrung sprechen); sie fordert Unterwerfung, bestraft Skepsis, und mit Beginn des Jahres 1933 und den großen Moskauer Prozessen beginnt sie, ihre eigenen Anhänger zu erhängen oder zu erschießen: Jede Religion braucht ihren Judas, und diese werden aus den Reihen der Jünger ausgewählt. In Italien macht sich der Faschismus das Schwarze zu eigen, die schwarze Farbe der Anarchie und der Witwenschaft, um das Auslöschen jeglicher Gesetzgebung zugunsten der Willkür zu signalisieren und dem Widerspenstigen damit zu drohen, dass ihm unmittelbare Trauer bevorsteht, wenn er sich nicht fügt. In Deutschland zerrt eine knarrende Stimme aus den germanischen Wäldern die Mythologie einer Rasse aus Blut und Eisen hervor, eine Mythologie eines von der Natur auserwählten arischen Volkes, einer Rasse, welche die Natur schön, blond, muskelbepackt geschaffen und für den Sieg und die Ausübung der Macht prädestiniert hat. Diese Menschenrasse ist physisch das genaue Gegenteil ihres Chefs – solche Dinge kommen vor –, der klein, ein wenig fett und von brauner Haarfarbe ist: Hitler. Das von der Natur auserwählte Volk wird natürlich in dem von Gott auserwählten Volk naturgemäß seinen schlimmsten Feind sehen, dessen wichtigstes Merkmal es ist, ein Volk ohne Idole zu sein: die eigentliche Ursache dafür, dass es seit Jahrhunderten verfolgt wird. Dieses neue Heidentum wird schließlich auch noch nach Menschenopfern rufen. Der arische Prototyp, der sich selbst wie einen Götzen verehrt und eigentlich nur aus seinen Träumen besteht, kann den Anblick eines Juden nicht ertragen, der ein Zeuge der göttlichen Wirklichkeit ist. Deshalb wird er ihn töten.

In demselben Jahr, also 1936, in dem Kolbe nach Polen zurückkehrt, wird Spanien nach seinem mühseligen Militärputsch mit blutigen Wirren überzogen. Die revoltierenden Legionen führen ihren zivilen Krieg wie einen inneren Kreuzzug gegen die Ungläubigen, und die Republikaner kämpfen, bis selbst das Vokabular ihrer Widerstandsparolen davon erfasst wird: Sie nennen ihre wachsende Verzweiflung Hoffnung; sie haben die Gesetze, einige Gewehre und die erschrockene Sympathie der westlichen Demokratien auf ihrer Seite, die verschämt ihren Blick abwenden, als den Republikanern der Todesstoß versetzt wird. England, eingehüllt in seine Nebel, verzehrt mit Behagen die letzten Einkünfte aus seinem Empire und sucht sich mit dem Teufel zu arrangieren: Es wird mit Hitler ein Marineabkommen schließen, das ihm die Herrschaft über die Meere erhält, es riskiert jedoch seine Zukunft. Solange England darauf wartet, den Tag zu erleben, an dem es einzigartig und erhaben dastehen wird, beeilt es sich, die Macht einem seiner hervorragendsten Söhne, Neville Chamberlain, anzuvertrauen, der seinen Namen einem Regenschirm und Letzterer wiederum einer Politik den Namen geben wird. In Frankreich bemüht sich die Volksfront, den unwahrscheinlichen Rückstand eines »Landes der Freiheit« aufzuholen, in dem es nur zwei Sozialgesetze gibt, das eine von 1848, das verbietet, dass Kinder unter zwölf Jahren in den Bergwerken arbeiten dürfen, und das andere von 1793, das »Koalitionen« verbietet, das heißt die Syndikate. Leider erfüllt es diese notwendige Aufgabe unter dem Schutz einer vereinfachten Metaphysik, für welche der Krieg eine Sache der Kapitalisten und der Waffenhändler ist, sodass es also keinen Krieg geben kann, solange die Waffenhändler und die Kapitalisten von der Regierung ausgeschlossen sind. Dieser recht und schlecht zusammengepfuschte Optimismus macht die Regierung schwerhörig und lässt sie für den Lärm der Stiefelschritte taub sein, die die Erde auf der anderen Seite ihrer Grenzen erdröhnen lassen. Gleichwohl hat am 7. März 1936 der blonde Arier, der von dem kleinen Braunen befehligt wird, ohne Schwertstreich das linke Rheinufer militärisch besetzt. Frankreich hat diese Verletzung der Abkommen ohne besondere Gemütsbewegungen toleriert; es setzt vertrauensvoll auf die Maginot-Linie, die niemand anders als die französische Armee selbst aufhalten wird.

Umzingelt von zwei totalitären Systemen, die aufeinandertreffen werden, wenn sie sein Gebiet überrollen, ruht sich Polen auf seinen Allianzen mit den Siegern des Ersten Weltkrieges aus, nicht ohne in kalten Angstschweiß gebadet zu sein, denn es spürt und ahnt, dass sich das Aufgebot für die in der Luft liegenden Apokalypse um es herum formiert. Gemeinsam mit seinem bedrohten Land entsinnt sich Maximilian Kolbe der Instinkte und Automatismen des Lebens im Untergrund wieder, die er von seiner Jugendzeit her noch kannte und in jenen Zeiten erlebte, als er mit seinem Vater diskret und heimlich die inneren Grenzen seines gemarterten und von den Preußen, den Russen und Österreichern besetzten Polens passierte. Seine Zeitungen erwähnten die politischen Ereignisse mit keinem Wort. Aus diesem oder einem anderen Grunde machte er in einem aus Nagasaki an die polnische Gemeinschaft in Niepokalanów gerichteten Brief lediglich folgende Anspielung: »Die Redakteure und Mitarbeiter müssen dazu aufgefordert werden, dass sie im Geiste der ›Marianischen Miliz‹ schreiben, nämlich im Geiste der Eroberung der Welt für die *Immaculata*, für das Heil und die Heiligung der Seelen. Die Kritik an Menschen, Parteien oder anderen Nationen muss, wenn nicht unbedingt nötig, vermieden werden.« Solchermaßen lauteten die Direktiven einer rein auf das Religiöse ausgerichteten Gesinnung, für die immer noch gilt, dass das Böse sich angesichts des Guten gewissermaßen selbst zerstören wird. Sie ist auch der Reflex des Unterdrückten eines so oft gefolterten Vaterlandes, der sich auf diejenige Widerstandslinie verlässt, welche die sicherste ist, jene nämlich, die über die heimliche Front des Absoluten führt.

Die Rückkehr

Kaum war Kolbe aus Japan zurück, wurde er auch schon vom Provinzkapitel des Ordens zum Oberen des großen Niepokalanów ernannt. Vielleicht war dies ein geschickter Zug, um ihn in einem für seine Gesundheit günstigeren Klima zu behalten; vielleicht war aber auch seine ständige Anwesenheit für ein Unternehmen notwendig geworden, das begann, phänomenale Ausmaße anzunehmen. Denn auch während der wachsamen Abwesenheit seines Gründers hörte das Werk nicht auf, zu wachsen. Auf dem Grundstück, das man der Schenkung jenes polnischen Grafen verdankte, der so sehr fürchtete, der Jungfrau Maria zu missfallen, waren die Gebäude aus leichtem Baumaterial vergrößert oder zweigeteilt worden, bis aus dem »Leitartikel produzierenden Kloster« ein Industrieunternehmen, eine richtige organisierte Stadt wurde. Niepokalanów mit seinen zwölf Ressorts, die richtigen Ministerien glichen (einem Ressort für Produktion und Finanzen, einer Abteilung für Berufsbildung, für Auslandsbeziehungen usw.), seinen Lebensmittel- und Bekleidungsgeschäften, seinem Krankenhaus, seinen Zahnärzten, seiner Rundfunkstation, seinen Schriftgießereien, seinen technischen Werkstätten, seinen dreiunddreißig ultramodernen, auf Volltouren laufenden Rotationsdruckmaschinen und mit seinen Hunderten von Mönchen, die beteten und arbeiteten, ja sogar Neues erfanden (eine patentierte Adressiermaschine zum Beispiel) – Niepokalanów war eine Macht geworden. 1937 feierte man sein zehnjähriges Bestehen, und Kolbe bat Papst Pius XI. mit folgendem Tätigkeitsbericht um seinen Segen:

»Die ›Marianische Miliz‹ zählt heute nahezu eine Million Anhänger. Das nationale Zentrum dieser ›Miliz‹, das ursprünglich in Krakau und danach in Grodno etabliert war, wurde im Jahre 1927 in die Nähe von Warschau in ein neues Kloster mit Namen Niepokalanów verlegt, das heute 600 Mönche und zusätzlich 127 Seminaristen zählt. Dieses Kloster veröffentlicht 1. die Monatszeitschrift der Bewegung, die für Erwachsene bestimmt ist, den *Ritter der Immaculata*, mit einer Auflage von 780 000 Exemplaren; 2. eine zweite Zeitschrift für Jugendliche, den *Kleinen Ritter der Immaculata*, mit 180 000 Exemplaren; 3. eine Tageszeitung, die *Mali Dziennik* oder die *Kleine Zeitung*, mit 130 000 Exemplaren. Zu den vorgenannten kommen noch acht weitere Publikationen hinzu.«

Da dieser Brief, pietätvoll in den Ordensarchiven des Klosters aufbewahrt, gefunden wurde, fragt man sich, ob er je abgeschickt wurde. Wie dem auch sei, der päpstliche Segen wird niemals eintreffen.

Wie jede andere Macht, so hatte auch Niepokalanów Feinde. Eine gewisse antireligiös eingestellte Presse führte eine Kampagne gegen dieses seltsame Kloster, in dem sich modernste Technik mit Asketentum verband, um das Land mit billigen Publikationen zu überschwemmen, die von übernatürlichen Dingen mit irritierend natürlicher Ungezwungenheit und Selbstverständlichkeit sprachen. Auch innerhalb der Kirche selbst begegnete Niepokalanów nicht nur Freunden. In der Korrespondenz Kolbes war manchmal von einem mysteriösen »Don N. N.« die Rede, der nie anders als mit dieser Abkürzung erwähnt wurde und der immer eine Spur von Schwefelgeruch hinterließ. Diese Person, die gut genug gestellt war, um schaden zu können, und die sich nicht scheute, es auch zu versuchen, schien es sich zur Aufgabe gemacht zu haben, Kolbes Werk zu zerstören, sei es durch Intrigen, durch Infiltration oder durch jene Mittel und Wege, die Beziehungen auf höchster Ebene und eine weltweite Erfahrung in Gehässigkeit und Böswilligkeit zur Verfügung haben. Dieser Feind verschwand zwar, aber es traten andere in Erscheinung, so jener im Regenmantel und Schlapphut, dessen Augen ohne jedes erkennbare Gefühl waren, ein Feind, der wie nicht zusammengehörige Zwillinge immer zu zweit auftrat: die Gestapo. Noch war sie nicht da.

Aus Freude, Kolbe wiederzuhaben, und aus Furcht, seine körperliche Schwäche könnte dem Schnee Polens ebenso wenig wie der feuchtwarmen Sonne Japans gewachsen sein, hatten ihm die Schneider Niepokalanóws einen Pelzmantel geschenkt; er wurde abgelehnt. Sie wichen auf eine gesteppte Weste aus, die er erst dann annahm, als er feststellen konnte, dass alle Kranken des Klosters dieselbe Weste besaßen. Er hat es nie akzeptiert, anders als seine Brüder behandelt zu werden: Ein Vorgesetzter unterscheidet sich lediglich durch ein Mehr an Aufgaben und ein Übermaß an Verantwortlichkeit.

Zu seinen Sorgen gesellte sich ein heimlicher Kummer: das unstete Leben seines Bruders Franz. Dieser war beim Bürgermeisteramt von Grodno angestellt und lebte nicht mit seiner Ehefrau, sondern mit einer anderen Frau zusammen. »Es wäre ein Leichtes, ihn aufzusuchen«, schrieb Kolbe an seine Mutter, »aber wenn ich es wagen würde, könnte er erneut verschwinden, aus Angst, ich würde versuchen, ihn wieder mit seiner ersten Frau zusammenzubringen.« Dieser »arme Franz« war wie ein Fisch, der nach allen Ködern schnappte. Wenn er auch der Versuchung des Fleisches schlecht widerstehen konnte, so würde er sich doch der Nazibesatzung gut zu widersetzen wissen. Aber Maximilian, der mit ansehen musste, wie er den Orden hinter sich ließ, sollte nicht die Freude und das Glück erleben, dass er auch die Unordnung seines Lebens hinter sich ließ.

Wahrscheinlich war sein Herz zutiefst davon betroffen, nicht aber seine innere Ausgeglichenheit. Seine Selbstlosigkeit schützte ihn sicherlich nicht gegen Kreuze, »die man tragen muss«, wie es die Religion früher einmal zu nennen pflegte, aber sie half ihm, sein Kreuz hinzunehmen wie einen unverdienten Gnadenbeweis. »Gott kehrt bei uns durch unsere Wunden ein«, hat ein großer Mystiker gesagt. Kolbe war fröhlich; ein trauriger Mönch wäre ihm wie etwas Anormales vorgekommen. Welche Macht könnte die Melancholie schon über uns haben, wenn wir alles hingegeben haben? Er war überzeugt, dass viele psychische Leiden aus einem unvollkommenen Engagement herrühren. Wie viele andere geistige Naturen dachte er, dass das, was wir vielleicht unbewusst von unserer Selbstaufopferung einbehalten haben, in uns ist und jene schmerzhaften kleinen Konkremente[7] der Weigerung produziert, die für die Seele das sind, was »Ablagerungen« für den Organismus bedeuten. Dieser Gedanke tauchte in seinen Briefen immer wieder auf. Gemäß den Worten des heiligen Paulus: »Alles trägt zum Heile dessen bei, der Gott liebt«, machte er selbst von seinen Begabungen für sich keinen persönlichen Gebrauch. Gestärkt durch diese Vergewisserung, war er stets gleichbleibend heiter; er war auf dem Weg zum Himmel; ja es gab sogar Tage, an denen seine Mitbrüder den Eindruck hatten, er komme von dort zurück.

Während dieser allerletzten Zeitspanne seines kurzen Lebens schrieb Kolbe mehr Briefe als Zeitungsartikel. Er arbeitete ziemlich wenig an dem in seiner Abwesenheit gegründeten Blatt mit, das ihm allzu sehr in den politischen Kampf verwickelt zu sein schien. Daher stammte auch die

---

[7] Konkrement ist der med. Fachausdruck, der eine Ablagerung in Form einer festen Masse bezeichnet, die sich durch Zurückbleiben vorher gelöster Stoffe bildet.

folgende Devise: »Das Bekämpfen des Bösen im Geiste der ›Marianischen Miliz‹ heißt, das Böse durch die Liebe zu allen Menschen, auch zu den weniger guten Menschen, zu bekämpfen. Anstatt das Böse zu fördern, indem man darüber schreibt, gilt es, das Gute hervorzuheben, um es dadurch umso begehrenswerter zu machen. Wenn schon die Aufmerksamkeit der Gesellschaft oder der Autoritäten auf irgendetwas Böses gelenkt werden muss, dann muss dies mit Liebe und Diskretion für die darin verwickelten Personen geschehen; man darf nicht übertreiben, niemals weiter als notwendig in Einzelheiten des Bösen vordringen, um es zu beseitigen.« Fünfzig Jahre später stoßen wir bei Johannes Paul II. auf diese Einstellung. Einem Vertrauten, der ihm bei Tisch von den Extravaganzen gewisser erfolgreicher, jedoch äußerst fragwürdiger Theologen sprach, ohne dass dieser die Betreffenden namentlich nannte, antwortete er mit der ihm eigenen inneren Ruhe und Sanftheit: »Warten Sie ab, bis sich der Irrtum aus sich selbst zerstört.«

In seinen Artikeln, die lange nicht so abwechslungsreich wie seine Briefe waren, kam Kolbe immer wieder auf die gleichen Themen zu sprechen. Vor allem anderen und hauptsächlich befasste er sich mit dem Atheismus, der ihm das Ergebnis logischer Ohnmacht zu sein schien. Er vertrat die Ansicht, dass die Vernunft die Existenz Gottes beweisen kann; ja er ging sogar so weit, zu behaupten, dass es der Vernunft noch nie gelungen sei, etwas anderes zu beweisen. Der Glaube selbst »ist ein Akt der Vernunft, die unter Mithilfe des göttlichen Willens und der göttlichen Gnade eine enthüllte Wahrheit anerkennt«. Vor der Vielschichtigkeit und Komplexität des Universums rief er wie Voltaire, den man wohl kaum zu seinen Freunden zählen darf, aus: »Ich will nicht glauben, dass diese Uhr existiert und keinen Uhrmacher hat.« Er hält an dieser vereinfachten Behauptung fest, zumal selbst die hochfahrendsten Metaphysiker alles in allem auch nicht weitergekommen sind: Die Welt ist eine Uhr, oder sie ist es nicht.

Dafür, dass er ein ausgezeichneter Journalist war, veröffentlichte er wenig: Zwischen 1936 und 1940 waren es nur circa vierzig Artikel, darunter einige in Form kurzer Kommuniqués, einige Glückwunschadressen oder gute Gedankeneinfälle. »Im Frühjahr wird alles wiedergeboren; auf dieselbe Art regeneriert sich auch unser Geist aus der Hingabe an Maria. Wir wollen uns so verhalten, damit andere sie lieben lernen, so wie wir sie lieben oder sogar noch mehr.« Der letzte aus der allerletzten Serie von Artikeln definierte noch einmal das Ideal von Niepokalanów, der »Miliz« und der *Kleinen Zeitung*, der er fast keine Kopien seiner Artikel übergab. Ich darf wohl annehmen, dass er dem *Ritter* nach wie vor den Vorzug gab, dessen Rosenkranz auf alles eine Antwort hatte und der sich nicht wie das Tagblatt in die Turbulenzen von Aktualitäten verwickeln ließ. Die *Kleine Zeitung* scheint nicht dem Wunsche zu entsprechen, den er bei der Geburt des *Ritters* formuliert hatte, sodass er unter den Marginalien hätte drucken lassen können: »Maria, Chefredakteurin«. Wenn man ihm auch folgte und zumeist gehorchte, so wurde er doch nicht immer verstanden. Letzteres war sogar selten der Fall. Große Geister sind immer einsam. Die Macht der Konzentration ihrer Intelligenz auf ihr Denken, wenn sie zu dieser Kategorie außerordentlicher, von Carlyle »Helden« genannter Menschen gehören, oder auf ein Mysterium, wenn es sich um Geistliche handelt, ist so geartet, dass sie sie selbst von ihren treuesten Freunden isoliert, die sie bewundern, ohne zu verstehen, was sie erleben. Sie trennt sie von den Massen, die sich eher auf ihre Persönlichkeit verlassen, als dass sie sich ihre Ideen aneignen; sie trennt sie auch von dem unbestimmten Kreis von Intellektuellen, die unterstellen, dass es die ewige und lebendige Wahrheit nicht gibt, und deshalb diejenigen, die von ihr geblendet sind, für Träumer oder Kranke halten. Einsamkeit ist auch das Erbteil der Eroberer, der Abenteurer des Geistes und der großen Mystiker. Napoleon mit seinen 300 000 Soldaten, die nicht wussten, wohin er sie führte, war allein, als er auf der Suche nach einer transzendentalen und nicht greifbaren Einheit kreuz und quer Europa durchmaß. Sokrates suchte die Wahrheit und war seinen Zeitgenossen so weit voraus, dass diese ihn zugrunde richteten, um ihn endlich geknechtet zu sehen. Der Mystiker hat die Gabe, alles mit einem einzigen Wort ausdrücken zu können, mit einem Namen, dem Namen einer Person, die auf sich alle erdenklichen Gedanken konzentriert, wodurch sie zugleich unerforschlich wie faszinierend wird. Bei der heiligen Teresa von Ávila ist dieser Name, der alles aussagt, Jesus, dem sie immer ein Ausrufezeichen hinzufügt als grafisches Symbol ihrer Ekstase. In ihren *Elévations* wiederholt die heilige Katharina von Siena unaufhörlich: »Gott, Gott, o Du heiliger Gott.« Hier handelt es sich nicht, wie die Ungläubigen vermuten, um einen Joker, den die Christen einsetzen, wenn ihnen eine Karte fehlt, sondern um das Foyer der Wahrheit, das alle Dinge mit einem neuen Licht erhellt. Dieses unerschöpfliche und aufschlussreiche Wort war für Kolbe der Name »Maria«. Wenn er ihn zu Beginn, in der Mitte und am Ende all seiner Briefe und all seiner Artikel verwendete, so deshalb, weil er jedes Mal den Eindruck hatte, eine Kerze, einen Lampion oder einen Stern anzuzünden; er wurde nicht müde, daraus Girlanden oder Milchstraßen zu machen. Diejenigen, die einfachen Herzens waren, hörten auf ihn, denn die Heiligkeit fand sie immer aufnahmebereit; die anderen, von Blindheit Geschlagenen, hielten sie für ausdauerndes Gerede.

Inmitten seiner Millionen von Lesern und seiner Armee von Mönchen vermittelte Kolbe nichtsdestoweniger den Eindruck, einsam und immer eine Wegstrecke den anderen voraus zu sein; er wurde von einem Stern geleitet, der eine ungewöhnliche Bahn zieht, gleich einem der Heiligen Drei Könige, der seinen Tross hinter sich lässt, um schneller als die anderen vor der Krippe zu knien, die ihn zu sehr schönen Gebeten inspirierte:

»Welcher Art waren Deine Gedanken, o Heilige Jungfrau, als Du zum ersten Mal das göttliche Kind auf seinem Strohbett niederlegtest? Welche Gefühle erfüllten Dein Herz, als Du es in Windeln wickeltest, als Du es an Dein Herz drücktest und Du ihm Deine Brust gabst?

Du wusstest sehr wohl, wer dieses Kind war, denn die Propheten hatten von ihm gesprochen, und Du hattest sie besser als alle Pharisäer und alle Gelehrten der Heiligen Schrift verstanden: Der Heilige Geist verlieh Dir weitaus mehr Einsicht als allen anderen Herzen zusammen. Wie viele Mysterien über Jesus waren nur Dir und ausschließlich Deiner unbefleckten Seele vom göttlichen Kinde eröffnet worden, das in Dir lebte und wirkte!

Schon im Augenblick der Verkündigung hatte Dir die Allerheiligste Dreifaltigkeit durch die Botschaft des Engels in aller Klarheit ihren Erlösungsplan dargelegt und Deine Antwort erwartet. In diesem Augenblicke warst Du Dir im Klaren, wem Deine Zustimmung galt und wessen Mutter Du werden würdest!

Und so lag er vor Dir in der Gebrechlichkeit des neugeborenen Kindes.

Welche Gefühle der Demut, der Liebe und der Dankbarkeit mögen in Dein Herz eingedrungen sein … während Du die Demut, die Liebe und die Anerkenntnis bewundertest, die der Mensch gewordene Gott für Dich hatte.

Erfülle auch mein Herz, so bitte ich Dich, mit Deiner Demut, mit Deiner Liebe und mit Deiner Dankbarkeit.«

Diese Zeilen stammen aus dem *Echo von Niepokalanów*, und ich frage mich, ob es einen anderen Geist, einen anderen Menschen gab, der Gedanken dieser Art im Europa der unmittelbaren Vorkriegszeit veröffentlichen konnte, in einem Europa, das vom Lärm des Hasses und von den vergeblichen Beschwörungen der Angst betäubt und benommen war und in die Nacht hineinglitt?

In Niepokalanów schritt Kolbes Mannschaft im Sturmschritt voran, aber nicht alle konnten folgen: Es gab auch Marschunfähige. Einem unter ihnen, der bei zweien seiner Gelübde versagt hatte, nämlich im Gehorsam und in der Armut, riet Kolbe, nachdem dieser ihm weinend gebeichtet hatte, dass er auch mit dem dritten Gelübde, dem der Keuschheit, Schwierigkeiten habe, daheimzubleiben. Dieser unglückliche junge Mann war ohnehin schon auf seine Kosten und ohne Erlaubnis nach Hause zurückgekehrt. Kolbe tat dies ohne Schärfe und empfahl dem Sünder lediglich, sich an die »Heilige Jungfrau zu halten«, die ihn ohne jeden Zweifel »bis zu einem ruhigen Ende und zum Ziel dieses irdischen Lebens« begleiten werde. Derartige Austritte waren selten: »Das Niveau des geistlichen Lebens der Brüder von Niepokalanów ist gut, ich müsste eigentlich sagen, sehr gut«, schrieb Kolbe an seinen Provinzial. »Die Zahl der Unfälle – fünf in einem Jahr – liegt unter einem Prozent; das ist immerhin besser als zur Zeit der ersten Apostel, als das Verhältnis bei eins zu zwölf lag.« Es ist auch eine Sache des Humors. Kolbe wusste nur zu gut, dass die Parallelen zu seiner Parallele nicht aufgingen, denn bei den Versagern handelte es sich ja nicht um einen Judas, denn sie würden sich nicht erhängen. Sie behielten Kolbe vielmehr in guter Erinnerung, und im Grunde ihres Herzens – wenigstens gilt dies für einige unter ihnen – bedauerten sie, dass sie sich die Opfer, die ihm, ohne dass er sie suchte, so leicht zu fallen schienen, nicht mit demselben stoischen Enthusiasmus auferlegen konnten, wie es einst bei den Athleten der Fall gewesen war. »Im Hinblick auf Kasteiungen«, sagte er zu einem Mitbruder, »muss man vorsichtig sein, damit wir nicht unsere Gesundheit gefährden; unsere Gesundheit gehört nämlich nicht uns, sondern Maria.« Darauf folgte ein Satz, in dem er formulierte, dass der Geistliche nur der Mieter seiner geweihten Person sei und dass es dessen Pflicht sei, das Mieteigentum in gutem Zustand zu erhalten.

Der *Advocatus Diaboli* wird diesen Standpunkt bestreiten; er stützt sich auf einen Text Papst Benedikts XIV., der unterstreicht, dass Beweise der Abtötung des Fleisches notwendig sind, um die Heiligkeit eines Dieners Gottes beurteilen zu können. »Bei Kolbe«, so der Advokat, »der völlig in seinen verschiedenen apostolischen Aktivitäten aufgeht, wird die Erfüllung dieser essenziellen Forderung völlig vermisst.« Er findet in Kolbes Leben keine Spur dieses »authentischen Zeichens christlicher Vervollkommnung«. Er beruft sich auf die Berichte der Apostolischen Prokuratoren, von denen der eine von keinem einzigen Beispiel außerordentlicher Bußfertigkeit weiß; die anderen beschränken sich darauf, festzuhalten, dass sich der Diener Gottes so wie seine Mitbrüder benahm, »außer während seiner Erholungsaufenthalte in den Bergen«; er habe am Nachmittag auf Anweisung der Ärzte eine Stunde der Ruhe gepflegt und dieser Anordnung sei er »gewissenhaft« nachgekommen.

In dieses »gewissenhaft« lässt der Advokat einen Tropfen Ironie fallen; Luft schöpfend geht er dann zu einem anderen Einwand über: Hat Kolbe wenigstens die Kasteiungen vollzogen, wie sie von den alten Ordenskonstitutionen vorgeschrieben sind, wie zum Beispiel die »heilige Übung der Disziplin, die – wie man weiß – darin besteht, dass man sich selbst geißelt oder durch die gütige Hilfe eines Mitbruders gegeißelt wird? Die Anklage kann sich dazu nicht äußern. Sie vermerkt lediglich, dass Kolbe als Vorgesetzter darüber wachen musste, dass die von den Ordensvorschriften auferlegten Kasteiungen während der Fastenzeit von der Gemeinschaft auch praktiziert wurden.«

Die verblüffte Verteidigung entgegnet hierauf in ihrer Bedrängnis, dass Kolbe nicht rauchte, keinen Alkohol trank und in der Eisenbahn die dritte Klasse benutzte. Dann fasst sie sich wieder und setzt Papst Benedikt XIV. gegen die Anklage ein, indem sie diese daran erinnert, dass für diesen Papst »Kasteiungen keine Tugenden waren« und dass man Kasteiungen nach Ansicht dieses Papstes nur mit Zurückhaltung ausüben durfte. War denn Kolbe mit seinen Migräne- und Fieberanfällen und mit seiner zerstörten Lunge nicht von Natur aus schon genug gestraft, als dass man alldem auch noch die Peitsche hätte hinzufügen sollen? Was die kollektive Bußübung während der Fastenzeit betrifft – so die Verteidigung –, so war diese in Niepokalanów mit entsprechender Erlaubnis von höchster Stelle durch die Rezitation des *Miserere* ersetzt worden. Kolbe, so führt sie weiter aus, zog den Geist dem Buchstaben vor, umso mehr, als siebenhundert sich gegenseitig in ihrer Kirche mit Riemen geißelnde Mönche kein geeigneter Anblick gewesen wäre, der zur Erbauung der Novizen beigetragen hätte.

Diese einzigartigen Praktiken, die auf die uralten Zeiten zurückgehen, als Einsiedler es für nötig hielten, ihren Körper zu züchtigen, um ihren Geist zu befreien, sind heutzutage außer Gebrauch; sie sind auch in den neueren Konstitutionen des Franziskanerordens nicht mehr enthalten.

Wie uns das japanische Experiment bereits gezeigt hat, dringt die Religion viel eher als jegliche Philosophie in die Seelen der Menschen vor. Sie erreicht die Tiefen, wo sich die primären Ängste und Fragen anbahnen, auf welche die Ideologien und Denksysteme lediglich kurze verstandesgemäße Antworten geben, während man jedoch solche des Lebens selbst erwartet. In diesem Bereich der Seele hat Kolbe sein Domizil aufgeschlagen, und er wird sich durch das Spektakel des Jahrhunderts von dort nicht vertreiben lassen. Vergeblich suchen wir in seinen Artikeln, Ansprachen und Briefen nach einem Kommentar, der sich direkt auf die Zeitereignisse bezöge: Es gibt keinen. Während das Böse mehr und mehr von der Erde Besitz ergriff, arbeitete er in der Goldmine des Geistigen, und er weigerte sich, sie zu verlassen und sich mit seinem Werk an den Kämpfen der Erdoberfläche zu beteiligen. Aus der Kirche, die er aufgebaut hatte, wollte er kein Munitionsdepot machen; dabei handelte es sich jedoch nicht um bloße Neutralität. Vielmehr war er ebenso sehr Nazigegner, wie er Antimarxist war, und er war mehr denn je Patriot. Nur würde sein Vaterland – er ahnte es im Voraus – bald wieder einmal nur noch auf dem Grund der Herzen zu finden sein. Besser als aus einer langatmigen Abhandlung über die Schwierigkeit, Pole zu sein, verstehen wir dies aus einem seiner Briefe älteren Datums:

»Auf der *Angkor* im Juli 1932:

Am Schalter des Postamtes von Ernakulam, einer indischen Stadt an der Malabar-Küste, schrieb ich ein für Niepokalanów bestimmtes Telegramm in polnischer Sprache. Der Schalterbeamte, ein guter Katholik, will es gern sofort absenden, verlangt von mir dafür aber einen solch hohen Betrag, dass ich sprachlos bin und protestiere.

Daraufhin blättert er noch einmal sehr sorgfältig in seinen Vorschriften: ›Polnisch? Aber‹ – fragt er – ›um welche Sprache handelt es sich dabei?‹ Ich antworte ihm, es handle sich um die Sprache, die von 32 Millionen Menschen in Polen gesprochen wird.

Er: ›Und Polen befindet sich in Österreich, nicht wahr?‹

›Polen, mein Herr, Polen ist in Polen; das ist ein unabhängiger Staat.‹

Er blättert erneut weiter, prüft weiter. Schließlich findet der Arme einen akzeptablen Tarif.

Im Zug Colombo – Sale werde ich von einem Mitreisenden, der auf mich wie ein Intellektueller wirkt, gefragt, wohin ich reise und woher ich komme.

›Ich bin Pole‹, antworte ich dem Herrn, ›ich stamme aus Polen.‹

Sofort antwortet mein Intellektueller: ›Dann sind Sie also Russe.‹«

In einem Bus erzählte ihm ein Mitreisender, dass das polnische Lokal, in dem er zu essen pflege, ein russisches Restaurant sei. Ein anderer Fahrgast belehrte ihn, dass die Religion Polens diejenige des Judentums sei; er müsse es schließlich wissen, denn er sei Jude deutscher Abstammung und Angestellter des französischen Konsulates in Shanghai und als solcher gut informiert. Kolbe zögerte, einen »so braven Mann« zu enttäuschen. Jedoch sagte er ihm wenigstens, dass sich die polnische Bevölkerung zum größten Teil aus Katholiken zusammensetze.

Im Jahre 1938 lag Polen zwar nicht auf österreichischem Gebiet, aber Österreich gehörte zu Deutschland, wo die heidnischen Götter der Gewalt und der Phantasmen die Wälder verlassen hatten, wohin sie vom Christentum einst verbannt worden waren. Sie versprachen einem der an Kultur reichsten Völker der Erde, es rein, schön und so gesund wie Mutter Natur zu machen, und gebaren eine Art kleinköpfigen Drachen, der von Schuppen aus Eisen bedeckt war, dessen Feuerzunge Europa versengen sollte.

Wie alle Polen sah Kolbe nur allzu gut, dass dieses mythologische Monstrum seinen Kopf in Richtung seines Vaterlandes zu wenden begann, das keine Hilfe von dem nur scheinbar dösenden stalinistischen Riesen erwarten konnte, dessen kaltes Auge vielmehr schon an der zu zerlegenden Beute Maß nahm.

Und Kolbe sagte:

»Meine lieben Kinder: Es kommt ein mitleidsloser Kampf auf uns zu; ich weiß nicht, wie er sich gestalten wird, aber wir hier in Polen müssen auf das Schlimmste gefasst sein. Der Krieg ist uns weit näher, als man glaubt, und er wird unsere Gemeinschaft auseinanderreißen ... Wenn dies eintreffen wird, müssen wir unseren Verfolgern danken und ihnen Dankbarkeit erweisen, damit wir für sie die Gnade der Bekehrung mithilfe Marias erreichen. Was nun uns betrifft, so sind wir unbesiegbar.

Es gibt keinen Winkel in der Welt, in dem wir nicht dem Kreuz begegnen; lasst es uns nicht allzu sehr fliehen, sondern es auf unsere Schultern nehmen und aus Liebe zur Heiligen Jungfrau guten Willens tragen. Wie sanft wird der Tod derer sein, die ihr angehören!«

»Sanft« – diese Sanftheit wird nach seiner Logik durch ein friedliches Gewissen erreicht.

Während der Jahre, die zum Krieg führten, handelten Kolbes Briefe nur von den alltäglichen Dingen: Bei den großen Dingen ging es um die Ausweitung der »Marianischen Miliz« und die Verbreitung seiner Zeitungen, den Geist Niepokalanóws und um neue Gründungen. Bei den kleineren Dingen handelte es sich um jenen lieben Mitbruder, der aus einer mehrmonatigen Kur zurückkehrte, nachdem er dort die »Bazillen bekämpft und eine solche Menge mondäner Gesinnung absorbiert hatte«, dass er unbrauchbar geworden war. Oder es ging darum, wie der ideale Klosterpförtner beschaffen sein musste: »Der Bruder Pförtner muss genügend fortgeschritten an Alter und Gesinnung und fest im religiösen Geist verwurzelt sein, denn er ist es, der die Gemeinschaft den Menschen gegenüber repräsentiert, die an die Pforte des Klosters klopfen; Besucher beurteilen die ganze Gemeinschaft oft nach seinem Benehmen. Er muss in der Lage sein, sich selbst zu beherrschen, damit seine Spiritualität nicht unter seinen Kontakten mit der äußeren Welt leidet. Er muss sich mit Geduld, Feingefühl und Liebenswürdigkeit wappnen, muss aber manchmal auch über Entschlossenheit und Rückgrat verfügen und unter allen Umständen kaltes Blut bewahren können, selbst wenn ein Rasender – wie dies vorkommt – mit der Pistole droht. Ein einziges, ohne die erforderliche Liebenswürdigkeit ausgesprochenes Wort kann großen Schaden verursachen. Als der Inhaber des Pförtneramtes einmal nicht anwesend war, hatte ein anderer Bruder an seiner Stelle eines Tages einen Besucher allzu flink abgefertigt; später stellte sich heraus, dass dieser Unbekannte eine Gruppe von Besuchern anführte, die daraufhin sofort kehrtgemacht hatte.«

Er befasste sich weiter mit der Installation eines großen Radiosenders, weil die in Niepokalanów vorhandene Station bisher nur die Genehmigung für Amateurempfänger hatte. Wie wir wissen, hatte sich Kolbe schon immer für moderne Kommunikationstechniken interessiert. Schon mit dreizehn Jahren erfand er, auf Zeichnungen gestützt, ein System für die Übermittlung von Telegrammen, das stark an das Telexgerät von heute erinnert. Aber über den »Lärm, die Wut und Raserei der Welt« schrieb er immer noch nichts. Hier muss man anfügen, dass nur der »Fall«, das Versagen, eines Mitbruders für Kolbe Unglück bedeutete, der Abfall eines Mönches, der die Spitze erreicht zu haben schien, dann aber seine Gelübde brach: »Lasst uns für seine Seele beten … Hier seht ihr echtes Leiden, verglichen mit dem alle anderen materiellen Desaster, auch Krankheit und Tod, unbedeutend sind.«

Selbst das Evangelium, das ganz auf Personen ausgerichtet ist, ignorierte ja schließlich die Zeitereignisse und erwähnte mit keinem Wort den Namen des Tiberius, ebenso wenig wie Kolbe den Namen Adolf Hitlers aussprach.

Einmal wenigstens ließ er seinen patriotischen Gefühlen freien Lauf, und zwar in einem an Marschall Rydz-Smigly, den politischen Erben von Marschall Pilsudski, gerichteten Brief, der vom Mai 1939 stammt. Hitler hatte bereits Österreich und die Tschechoslowakei verschlungen. Die westlichen Demokratien, die nur den einen Gedanken hatten, das Duell mit der Angst und dem Schicksal zu vermeiden, begaben sich nach München, um den Gierigen ihrer friedlichen Gesinnung zu versichern, aber ohne zu fordern, dass auch er Beweise für seine friedlichen Absichten gebe. In England rief Winston Churchill, Sinnbild des nationalen Heldentums in der Gestalt eines schmollenden, in ein zu heißes Bad eingetauchten Kindes, der ihn umgebenden Feigheit zu: »Um den Krieg zu vermeiden, haben Sie sich für die Ehrlosigkeit entschieden. Nun haben Sie die Schande, und Sie werden den Krieg noch dazu haben.« Es war offensichtlich, dass Polen das nächste Opfer Hitlers sein würde.

»Überzeugt von der Notwendigkeit der Anstrengungen und der Opfer, die die Situation allen Bürgern der Nation auferlegt, haben die Mönche Niepokalanóws – es sind 619 an der Zahl – und die 120 Seminaristen beschlossen, auf Zucker zu verzichten ... Der entsprechende Geldbetrag stellt ihren Beitrag zur Armee dar.« Für diesen besonderen Umstand wird die *Immaculata in fine* zur »Feldherrin« Polens ernannt. Dieser Verzicht auf Zucker erscheint geringfügig, doch hatten die Mönche, die nichts besaßen und von sehr wenig lebten, nichts anderes, was sie hätten opfern können.

Die folgenden Briefe befassten sich mit dem, was er gewöhnlich tat, das heißt also mit seinen Aufgaben als Missionar, mit seinen Zeitungen, mit den geistlichen Berufen, den Parcours-Unfällen, den Abtrünnigen, die für das Herz eines Mannes, der um den Gleichklang der Seelen zitterte, grausam waren; er befasste sich mit den kleinen Verrätereien jener Figur, die Schwefelspuren hinterließ, der wir ja bereits begegnet sind und die Niepokalanów zerstören wollte, stattdessen jetzt den Briefkasten des Klosters mit einem Eisendraht leerte. Sie befassten sich weiterhin mit der beharrlichen Aufforderung zur marianischen Verinnerlichung oder mit einer Begebenheit, die wir vielleicht eine »nette Bastelarbeit der Gottesfurcht« nennen könnten, nämlich einem Appell an die Musiker Niepokalanóws – das Kloster besaß ein Orchester –, so wie die Musiker von Zakopane zu spielen, welche die Jungfrau Maria mit Trompetenständchen aus volkstümlichen Weisen verehrten und diese so sanft spielten, wie es eben mit Instrumenten des Letzten Gerichtes möglich war.

Der in den Briefen angeschlagene Ton änderte sich nicht, wohl aber der seiner Ansprachen an die Brüder in Niepokalanów, der immer ernster und unmerklich dem Ton des Evangeliums der Letzten Tage ähnlicher wurde. Am Vorabend, ehe er verraten wurde, sagte Jesus zu seinen Jüngern: »Nun ist meine Zeit gekommen. Es ist die Stunde angebrochen, wo jeder von euch in eine andere Richtung verstreut wird, wo ihr mich alleinlassen werdet. Ich aber bin nicht allein, denn mein Vater ist bei mir.«

Kolbe sagte: »Meine lieben Kinder. Heute bin ich noch bei euch, ihr liebt mich, und ich liebe euch. Aber es wird nicht immer so bleiben: Ich werde sterben und ihr werdet leben. Ehe ich euch jedoch verlasse, muss ich euch etwas offenbaren.« Es handelte sich um eine außerordentliche Gnade, die er in Japan empfangen hatte, wobei er das Glück erlebt hatte, des Heiles seiner Seele vergewissert worden zu sein. Leider drückte sich der Geistliche, der diesen Bericht wie ein Testament verlas, unpräzise bezüglich der Form dieser mystischen Erfahrung aus. Einigen Zeugen zufolge könnte es sich um eine erneute Erscheinung gehandelt haben, der sie (ich weiß nicht weshalb) mehr Chancen der Wahrscheinlichkeit zugestehen als der ersten Vision seiner Kindheit. Dies ist ein ziemlich gutes Beispiel für die »historisch-kritische Methode«. Zu der ersten Erscheinung haben wir die

Zeugenaussage Maria Kolbes; diese wird angezweifelt. Die zweite Zeugenaussage ist rein hypothetisch; ihr wird eher geglaubt.

»Dank dessen, was ich euch hier sage«, fuhr Kolbe noch fort, »und in Erinnerung an meine Erfahrung werden eure Seelen im geistlichen Leben unaufhörlich weiterwachsen, wird es euch möglich sein, Opfer zu ertragen, die Gott durch die Vermittlung der Unbefleckten Jungfrau von euch verlangen wird.«

Der letzte Brief aus Friedenszeiten, der an die Brüder von Nagasaki gerichtet war, datierte vom 19. August 1939 und lautete wie folgt:

»Ich begann bereits im Juni damit, auf die Briefe aus Japan zu antworten, aber erst heute habe ich ein wenig Zeit, um damit fortzufahren.

Was den Krieg betrifft, so bewahren wir hier die Ruhe, aber der Druck des Ausnahmezustandes nimmt von Tag zu Tag zu. Es ist nicht ausgeschlossen, dass irgendetwas eintritt, ehe dieser Brief Euch erreicht; aber all dies liegt in den Händen der göttlichen Vorsehung.«

Dieses Etwas trifft am 1. September 1939 ein, dem Tage der Invasion Polens und dem Beginn des Zweiten Weltkrieges.

Schon seit Langem hatte Kolbe die drei Etappen des geistlichen Lebens in drei Begriffen zusammengefasst: »Ausbildung, Apostolat, Passion«. Seine Ausbildung war vollkommen, sein Apostolat außerordentlich reich an Früchten. Nun bricht auch die Zeit seiner Passion an, von der er anscheinend immer schon wusste, dass er sie eines Tages erleiden musste.

Die Sache der Heiligen

Er war fünfundvierzig Jahre alt und es blieben ihm noch zwei Jahre zu leben. Ehe er jedoch in die Endphase seines Lebens eintrat, die ebenso verschieden von alldem war, was vor ihr lag, so wie sich auch die letzten Tage Christi gewaltsam von seinen friedlichen Anfängen als Lehrer und Prediger unterschieden, sollte man sich fragen, ob Kolbe in dem Augenblick, in dem er seinen Kalvarienberg zu ersteigen begann, bereits das war, was die Kirche offiziell einen Heiligen nennt.

Die Kurienkongregation für die Heiligsprechung in Rom tagt in einem der zwei großen neoklassizistischen Paläste, die sich am Ende der zum Petersdom führenden Prachtstraße gegenüberliegen; von ihnen aus blickt man auf Omnibusse, Taxis und Eisverkäufer. Im Innern finden sich geräumige, befahrbare Gänge; die Büros weisen das übliche Mobiliar kirchlicher Gebäude vor, wo sich Kredenzen mit Aktenschränken und Plüsch mit verchromtem Nickel abwechseln.

Hier also werden die Heiligen »gemacht«; sie sind in den Ablagen der Archive säuberlich geordnet und in drei in rotes Leinen gebundenen Bänden gesammelt, deren Titel lauten: *Untersuchung, Einwände, Erwiderungen*. Dies ist die Bibliothek des lebendigen Glaubens und gelebter Barmherzigkeit, das Konservatorium der Schönheiten der Seele, der Garten der Wunder.

Auf den Bücherregalen sind zahlreiche, noch »bewohnbare« Lücken festzustellen, so als hätten sich die schon registrierten Heiligen aus einem Übermaß an christlicher Nächstenliebe an die Wand der Aktenschränke gedrückt, um Neuankömmlingen Platz zu machen. Optimismus? Nein, es handelte sich um Napoleon, der sich der Archive des Vatikans bemächtigte; wochenlang folgte ein mit Pferden bespannter Wagen auf dem Petersplatz dem anderen; das Gedächtnis der Kirche zog in vollbepackten Karren von dannen; ihren Packern entgingen nur die Dossiers des Heiligen Offiziums, die der Papst zu verbrennen befohlen hatte, denn sie enthielten Material, das aus der Beichte gekrönter Häupter stammte. Der Rest fiel Napoleon in die Hände, und die Kirche würde heute unter Gedächtnisschwund leiden, hätte ihr nicht Frankreich nach dem Zweiten Kaiserreich großzügig gestattet, ihr Eigentum wieder zurückzukaufen; dies war jedoch nur noch teilweise möglich gewesen.

In diesen wiederhergestellten Archiven findet man weder den heiligen Petrus noch den heiligen Paulus wieder, noch irgendeinen der Heiligen aus der ersten Zeit des Christentums. Damals war »heilig« ein Synonym für »Märtyrer«. Die Zeugen des Glaubens wurden ohne weitere Formalitäten verehrt. Alle in den Katakomben beigesetzten Christen galten gleichzeitig auch als Märtyrer, was allerdings nicht zutreffend war. Da außerdem die größte Zahl der Grabstätten anonym war, konnten Fehler unterlaufen. So gibt es heute guten Grund für die Annahme, dass die berühmte selige Philomena eine große Zahl Wunder bewirkte mit einem Körper, der nicht der ihrige war.

Lange Zeit hatten die Bischöfe das Recht gehabt, denjenigen zum Heiligen zu erklären, der ihnen dafür würdig erschien; ja sie selbst wurden zur Ehre der Altäre erhoben, sobald diese errichtet oder gegründet worden waren. Das nahm so sehr überhand, dass während der ersten Jahrhunderte des Christentums eine solche Inflation von Heiligenscheinen entstand, dass man ernsthaft daran denken musste, ihre Vergabe zu reglementieren. Nachdem die Bischöfe mehr und mehr dazu übergegangen waren, ihre Dekrete vom Papst gegenzeichnen zu lassen, damit die von ihnen gewählten Heiligen von der ganzen Kirche und nicht nur in ihrer Diözese verehrt werden konnten, profitierte Rom davon, um Gesetze zu erlassen, die übrigens schwer zu formulieren waren, weil die Zeit der großen Christenverfolgungen vorbei war und folglich das Martyrium nicht mehr wie zuvor als ein einfaches und radikales Kriterium für Heiligkeit zur Verfügung stand. So kam es langsam dazu, dass man analog zum »Heldentum der Märtyrer« von der »Heldenhaftigkeit der Tugenden« zu sprechen begann, einem Begriff, der ebenso anspruchsvoll wie unpräzise ist. Nach den Worten eines Papstes, der sich für das Dossier einer seit vierzig Jahren zu den obskursten Beschäftigungen abgeschobenen Nonne interessierte, kann die »Heldenhaftigkeit der Tugenden« darin bestehen, dass »gewöhnliche Dinge auf außerordentliche Weise getan werden«, das heißt mit Geduld, Selbstverleugnung, Standhaftigkeit während der Prüfung und Ausdauer im Guten, was bei vielen Nonnen der Fall ist und was wir bei einer noch größeren Zahl von Familienmüttern vorfinden, für deren Sache in Rom nie plädiert werden wird. Was Kolbe betrifft, so kann man von ihm sagen, dass er außerordentliche Dinge auf gewöhnliche Art vollbrachte.

In tausend Jahren, oder anders gesagt, seit der Zeit, da die Richtlinien für die offizielle Version der Heiligkeit festgesetzt worden waren, hat die Kirche Tausende von Heiligsprechungen verkündet, also durchschnittlich eine pro Jahr; 993 Heiligsprechungen sind derzeit anhängig, wovon ungefähr die Hälfte Italiener betreffen. Letztere sind der Peterskirche schon rein räumlich gesehen näher, sie kennen das Haus und finden die richtige Türklinke; sie wissen, wie ein Antrag auf Heiligsprechung am besten gestellt werden muss. Sie wissen es auf alle Fälle besser als jener amerikanische Erzbischof, der es eilig hatte, einen heiligen Mann aus seiner Diözese auf seinen Altären zu sehen, und der seiner Ankunft in Rom folgendes Telegramm vorausschickte: »Bereiten Sie alles für die Heiligsprechung vor. Stop. Ich komme.«

Eine Kanonisation ist ein Verfahren, für das man einen langen Atem braucht. Der Heiligsprechungsprozess der Jungfrau von Orléans zog sich über fünfhundert Jahre hin; das Verfahren von Charles de Foucauld tritt schon seit Jahren auf der Stelle.[8] Auf der Strecke, die zu der Ehre der Altäre führt, gibt es keine D-Züge.

Alles beginnt mit der *vox populi*, dem Ruf der Heiligkeit, der durch die Verehrung durch das Volk ausgelöst wird. Der Ortsbischof ordnet dann eine Untersuchung an und legt ein Dossier an, das er nach Rom schicken wird, wenn er die Sache für unterstützenswert hält. Von da an wird die betroffene Person »Diener Gottes« genannt. Entscheidet Rom, dass es angebracht ist, die Untersuchung weiterzuverfolgen, wird aus dem »Diener Gottes« ein »Ehrwürdiger Diener Gottes«. Danach wird die Untersuchung seines Lebens, seiner Stiftungen und seiner Schriften neu aufgerollt, die gegen ihn ausgelegt werden und niemals in entscheidender Weise zu seinen Gunsten sprechen können, weil die Kirche die Ansicht vertritt, dass man wohl sehr gut zu schreiben verstehen, sich aber so benehmen kann, als ob man seine eigenen Schriften nie gelesen hätte. So hat zum Beispiel der Benediktiner Dom Marmion, der herrlich über die Nichtigkeiten des Lebens zu reden verstand, allzu oft bei Herzoginnen den Tee eingenommen; sein Heiligenschein blieb zusammen mit der Zitrone in seiner Teetasse.

---

[8] Charles de Foucauld, gestorben am 1.12.1916 in Tamanrasset, Algerien, wurde nach dem Erscheinen der ersten Ausgabe des Buches am 13.11.2005 seliggesprochen.

Das Prozessverfahren ist zwar weniger grausam, als die Löwen der ersten Jahrhunderte des Christentums blutrünstig waren, aber es ist rigoros, vorsichtig und vielschichtig. Die Zeugen schwören, die Wahrheit zu sagen; diejenigen, die ihren Schwur nicht halten, riskieren die Exkommunikation, die nur der Papst allein wieder aufheben kann. Danach betreten die Kommissionen, die gleichzeitig zu Gericht sitzen, die Bühne; mit ihnen tritt ein Postulator auf, der die Sache mithilfe eines Advokaten vorträgt, sowie ein Generalglaubensanwalt, der besser unter seinem Namen *Advocatus Diaboli* bekannt ist. Seine Aufgabe ist es, aus dem Dossier die Schwachstellen hervorzuheben, schlecht begründete Vorgaben von Beobachtern, die sich schriftlich in das Verfahren einschalten können, zurückzuweisen, oder aber Vorgaben von Experten zu verwerfen, welche die Wunder untersuchen. Wenn alle Schriftstücke geprüft und alle Parteien gehört worden sind, entscheidet der Papst in völliger Unabhängigkeit. Fällt sein Urteil günstig aus, wird der »Ehrwürdige Diener Gottes« zum »Seligen« erklärt, das ist dann die Seligsprechung. Darauf folgt das, was das »Zeugnis Gottes« genannt wird, das heißt die Wunder. Um von einer Seligsprechung zur Heiligsprechung zu kommen, ist wenigstens *ein* Wunder erforderlich.

Einige Kandidaten sind reich an Wundern, andere weniger. Pius XII., der nach allgemeiner Ansicht auf exemplarische Weise lebte, tat keine Wunder. Johannes XXIII. vollbrachte beinahe mehr Wunder, als man von ihm erwartete, und dies lange bevor der Begriff der »Heldenhaftigkeit der Tugenden« offiziell festgelegt worden war. Märtyrer sind von Wundern dispensiert, die Autopsie ihrer Persönlichkeit wird nicht so weit wie bei den »Glaubensbekennern« vorangetrieben. Da ihr Tod als Bluttaufe angesehen werden kann, wird alles, was diesem vorausgeht, durch das Opfer als erledigt und ihr Opfer als ihre eigentliche Geburt betrachtet.

Umgekehrt werden dagegen die Umstände ihres Todes mit doppelter Genauigkeit durchleuchtet.

Da – wie wir zu Beginn dieses Buches gesehen haben – Maximilian Kolbe als »Glaubensbekenner« von Paul VI. selig- und danach von Johannes Paul II. als »Märtyrer« heiliggesprochen wurde, durchlief er folglich zwei Verfahren: Das zuerst anhängige Verfahren betraf die »Heldenhaftigkeit seiner Tugenden«, das zweite sein Opfer. Das heißt also, ein Verfahren befasste sich mit seinem Leben, das andere mit seinem Tod. Es ist jetzt an der Zeit, von seinem Leben Abschied zu nehmen.

Heutzutage zeigt der *Advocatus Diaboli*, wenn er durch die Gänge des Palastes geht, ein melancholisches Gesicht: Die neuen Bestimmungen der Kongregation für die Selig- und Heiligsprechungsprozesse haben ihn seiner Tätigkeit enthoben; er ist nun zum theologischen Fachmann schlechthin (natürlich zum Theologen *par excellence*) bestellt worden, und seine bisherigen Kompetenzen sind unter die Ehrwürdigen Berichterstatter aufgeteilt worden. Während des Prozesses des Maximilian Kolbe jedoch übte er sein Amt als »Oberster Examinator« noch in seinem ganzen Umfange aus. Da alle Beweisstücke des Dossiers durch seine Hände gingen, oblag es ihm, aus dem Leben und Werk des der Heiligkeit Bezichtigten ein amtliches Protokoll über seine Vollkommenheit oder seine Unzulänglichkeiten zu erstellen, das zusammen mit dem Plädoyer der Verteidigung der Beurteilung des Heiligen Vaters unterbreitet werden wird. Wir haben ihn während der Lektüre dieser Seiten oft genug auftauchen sehen, wie er mit erhobenem Zeigefinger auf das deutete, was er für eine Schwäche oder für einen Fehler hielt. Aber um die Wahrheit zu sagen, hatten seine Anschuldigungen weder Hand noch Fuß.

Zuallererst stellt er fest, dass die Zeugen das strahlende Licht, das von Kolbes Tod ausging, im Nachhinein auf sein

Leben projiziert hätten, was in einer Idealisierung seiner Person resultierte und wodurch die ihm entgegengebrachte »kollektive und unkontrollierte Begeisterung« sowohl das rechte Maß wie die rechte Einsicht verloren hätte. »So wie jedes große historische Ereignis seinen Helden braucht«, sagte er, »so hat auch der letzte weltweite Konflikt in ihm seinen Helden gefunden, der sich vor dem Hintergrund eines Polens abzeichnet, das unter allen anderen Nationen aus dem Krieg als das am grausamsten gefolterte Volk hervorging.«

Diesen Maßstab wird der Advokat auch weiterhin anlegen; er wird seine Selbstkontrolle nie verlieren. In seinen Augen war Kolbe von dem großen Wunsch nach Perfektion motiviert, aber der Advokat findet, dass sein Lebenswandel auch von seinem »Individualismus, seinem eigensinnigen Charakter, seinem sentimentalen und romantischen Naturell, von der extravaganten Vorstellungskraft eines *Chevalier errant* (›fahrenden Ritters‹), auch von seinem Nationalismus« und anderem mehr beeinträchtigt gewesen sei. Wenn diese Eigenschaften aus Kolbe auch eine der interessantesten Persönlichkeiten gemacht haben, von der gesagt wird, »sie sei eine der markantesten und faszinierendsten unserer Zeit«, so hätten sie ihn doch von den klassischen Auffassungen von Heiligkeit entfernt, die aus Selbstverleugnung, kontinuierlichen Anstrengungen der Verbesserung und der Überwindung der eigenen Natur bestehe, um das Gleichgewicht der Tugenden in der Harmonie eines höheren Waltens zu erreichen; gleichzeitig hätten sie ihn in Widerspruch zu den Regeln und Statuten seines Ordens gebracht.

Die ganze »Anklagerede« des *Advocatus Diaboli* stützt sich auf dieses Thema. Kolbe war eine »Persönlichkeit *sui generis*[9], ein wenig beunruhigend«. Er war das, was man in der

---

[9] Eigener Art.

guten Gesellschaft ein »Original« zu nennen pflegt. Aber auch Franz von Assisi war ein solches Original. Indem er sich auf einem öffentlichen Platz ganz nackt auszog, war auch er wie eine Kanonenkugel aus dem »klassischen Schema der Heiligkeit« herausgeschossen.

Wir haben im Laufe dieses Buches die Vorhaltungen der Anklage bereits hervorgehoben, die diese über Kolbes Art, die Tugenden des Glaubens, der Hoffnung, der Nächstenliebe und die verwandten Tugenden der Bedachtsamkeit und der Demut zu leben, vorgebracht hat. Dass er diese Tugenden bis zum Heroismus praktiziert hat, ist so offenkundig, dass es sogar den Advokaten überzeugt, der ein gerechter Mann ist, und der, nachdem er seine Kritik als zögernder und reservierter Examinator vorgebracht hat, den Prozess als ein Richter beendet, den der Angeklagte für sich eingenommen, ihn von seiner Sache überzeugt hat. Er streicht die Segel, drückt die Tatsache, dass er sich geschlagen gibt, jedoch mit anderen Worten aus:

»Nun, da ich die Segel einhole, ist es mir ein Anliegen zu erklären, dass ich mich, solange ich mich auf der entgegengesetzten Seite befand, nur mit Mühe der Faszination entziehen konnte, die von der bewunderungswürdigen Gestalt dieses erhabenen Narren ausgeht, mit dem man die lauterste und reinste Höhenluft atmet. Ich bin überzeugt, dass der diese Sache betreibende Postulator bemüht sein wird, gültige Argumente zu finden, um die Schatten zu zerstreuen, und Maximilian Kolbe, den illustren Sohn des heiligen Franz und des Ordens der Minderen Brüder der Franziskanerkonventualen, in die Fülle seines Lichtes wieder einzusetzen.«

Dieses erste Verfahren Kolbes war friedlich verlaufen, und die Verteidigung brauchte gewissermaßen die Stimme nicht zu erheben, um in dem Streitfall über seine Tugenden recht zu bekommen. Der zweite Prozess über die Frage des

Märtyrertums sollte stürmischer verlaufen, die Opposition wird energischer sein, die Verteidigung wird sich weniger wohlfühlen. Dem ist so, weil Maximilian Kolbe, nachdem er aus den »klassischen Vorstellungen von Heiligkeit« herausgefallen war, auch außerhalb der Konzeption eines Märtyrers stehen wird. Lassen Sie uns jetzt aber zuerst in den ersten Zyklus seiner Passion eintreten, der mit den Leiden seines Vaterlandes beginnt.

»Vergesst die Liebe nicht!«

Am 1. September 1939 übertrat Hitler Polens Grenze und setzte seine Panzer gegen die polnische Kavallerie ein, die ebenso heroisch wie immer und wie gewöhnlich massakriert wurde. Die Alliierten erklärten Deutschland den Krieg, aber sie führten ihn nicht, kaum dass die britische Marine den Druck in ihren Schiffskesseln erhöhte. Die französische Armee, die als die stärkste der Welt galt, versank in der Maginot-Linie, wo sie sich lebendig einbetonierte und von wo sie sich nicht mehr wegrührte. Erstarrt sahen Engländer und Franzosen zu, wie Hitler und Stalin die noch warme Beute unter sich zerrissen, denn auch Stalin war vorgerückt, um Polen in den Rücken zu fallen und es zugrunde zu richten. Vor diesem Verbrechen gegenüber einem Volk, dessen einziger Schutz in einigen Papierfetzen von Friedensabkommen bestand, stammelte die Weltmeinung Missfallensäußerungen, während die fröstelnden bürgerlichen Demokratien noch immer hofften, der übersättigte Drache möge vergessen, seinen Kopf auch in ihre Richtung zu wenden. Am 5. September blieben die Maschinen in Niepokalanów stehen, der Orkan rückte näher. Die deutsche Luftwaffe bombardierte Warschau und ließ im Vorüberfliegen einige Bomben auf die »Stadt Marias« niedergehen, die wenig Schaden anrichteten und niemanden verletzten. Die Zivilbehörden gaben Kolbe jedoch die Anweisung, die Gemeinschaft aufzulösen. Sechshundert oder siebenhundert Mönche des größten Klosters der Welt wurden in alle Winde verstreut, nachdem sie von ihrem Oberen alle nur erdenklichen Ermutigungen mit auf den Weg bekommen hatten, an denen sein Glaube so reich war; Kolbe riet ihnen sogar noch, auf Alkohol und Tabak zu verzichten. Auf der Schwelle der Klosterpforte gab er ihnen als allerletzte Empfehlung folgende Worte mit auf den Weg: »Vergesst die Liebe nicht!«

Ungefähr vierzig Brüder hatten sich geweigert, wegzugehen. Sie blieben, eng um Kolbe geschart, in dem entvölkerten Kloster zurück, wo außer dem Murmeln von Gebeten und dem Flüstern schlechter Nachrichten nichts mehr zu hören war. Die polnischen Verteidigungslinien gaben eine um die andere nach, und sie fragten sich, was wohl ihr Schicksal sein würde, ob sie verhaftet, geduldet, erschossen oder von den Bomben erschlagen werden würden, die in der Nachbarschaft bereits viele Opfer gefordert hatten und für die Kolbe sein Krankenrevier vergrößerte. Am 12. September war die Front aufgelöst, die grüne Flut brach über das Land herein. Allmorgendlich nach der Messe bereitete Kolbe seine Kameraden auf das Schlimmste vor, und am 19. nahmen deutsche Lastkraftwagen diese nicht beeinflussbaren Überreste des Exodus in Empfang, mit Ausnahme zweier Mönche, denen es großzügig gestattet wurde, bei den Verwundeten zu bleiben. Eine Fotoaufnahme, die von einem jener zahlreichen Soldaten der deutschen Wehrmacht gemacht wurde, die nie die Gelegenheit verstreichen ließen, ihr Fotoalbum mit den bösen Erinnerungen anderer zu bereichern, zeigt uns, wie eine magere Kolonne von Mönchen in Kutten und schwarzen Hüten Niepokalanów verlässt. An ihrer Spitze geht ein auf einen Stock gestützter Kranker: Kolbe, der in das Unbekannte hineinschreitet, wie man zur Missionsarbeit aufbricht, wobei er dieses Mal, wie er sagte, für die Reisekosten nicht selbst aufkommen musste.

Die Lastautos hielten in Tschenstochau in der großen Allee, die zum Heiligtum führt, was als Vergünstigung aufgefasst, wenn nicht sogar als Verheißung des Schicksals interpretiert wurde. Sechshundert Zivilgefangene schlossen sich den Ordensbrüdern an. Die Soldaten stießen alle in einen für Deutschland bestimmten Zug. Fünf Tage später kamen sie vor der Zeltstadt, dem Stacheldrahtverhau und den Wachtürmen des Internierungslagers Amtitz an. Es ging ihnen der Ruf voraus, Augenausreißer zu sein, den die Nazipropaganda über sie verbreitet hatte. Die für die Ausrottung bestimmten Deportationen hatten noch nicht industrielle Ausmaße angenommen, aber das Lagerregime war bereits erniedrigend genug, wenn es auch noch keinen intentionellen Vernichtungscharakter hatte. Die ausgehungerten Gefangenen wateten im Schlamm, schliefen auf Stroh und kämpften gegen das Ungeziefer, gegen ihre trüben Gedanken und die unsinnige Beschuldigung, »Augenausreißer« zu sein, was ihre Wächter misstrauisch gemacht hatte.

Kolbe hörte nicht auf, ihren Glauben zu stärken. Er tat dies, ohne zu ahnen, dass man eines Tages über den seinen mit Sachkenntnis debattieren würde. Da er nur wenig schlafen konnte, ging er nachts umher und zog die Decken über den Schlafenden zurecht, die zuweilen von seiner liebevollen Fürsorge aufgeweckt wurden und erstaunt waren, dass jemand sich so demütig um sie kümmerte. Aber für ihn war eine Minute des Wachseins eine Minute, die man nicht ungenutzt verstreichen lassen durfte. Seine einzige Sorge war es, keine Gelegenheit der Nächstenliebe zu verpassen, weil er hierzu im Himmel keine Gelegenheit mehr finde, wo man, so seine Worte, nicht mehr aus Liebe leiden könne, eine Befürchtung, die wahrlich nur Heilige haben können.

Er verkündete seinen Kameraden ihre baldige Befreiung durch die guten Dienste und die Vermittlung der *Immaculata*. Mit den Füßen im Wasser stehend und mit knurrendem Magen hörten sie ihm zu, mit einem Vertrauen, das nur durch die ersten herbstlichen Fröste beeinträchtigt wurde. Nachdem er sie moralisch gestärkt hatte, sprach er mit den Soldaten und ihrem Vorgesetztem über ihre Seele, und es scheint, als ob Letzterer der Sprache des Glaubens gegenüber nicht gleichgültig war.

Danach wurden sie in ein anderes Internierungslager verlegt, das näher bei ihrem Vaterland lag. Es war der deutsche Ort Schildberg, der später polnisch wurde aufgrund einer jener lateralen Verschiebungen, denen die Geografie Polens ausgesetzt ist. Es handelte sich um ein Salesianerkloster, dessen Mönche vertrieben oder andernorts gefangengesetzt worden waren. Die Unterkunft war weniger prekär als in den Zelten von Amtitz, aber das Lagerregime war nicht besser, und die offiziell zugeteilten Kalorien waren ebenso rar.

Immerhin war der Lagerkommandant, der im zivilen Leben Pastor war, kein unerbittlicher und kompromissloser Kerkermeister. Von Zeit zu Zeit erlaubte er den Gefangenen, unter Bewachung zweier Soldaten in die Stadt zu gehen, um sich ein wenig zusätzlichen Proviant zu beschaffen. Eigentlich – so beweisen es seine Briefe – war er von Pater Kolbe sehr beeindruckt. Dieser setzte in aller Ruhe seine Mission fort und wiederholte seine optimistischen Prophezeiungen, die eines Tages Realität werden sollten. An einem Dezembermorgen ließ der Kommandant dreihundert seiner Gefangenen antreten, worunter auch unsere Franziskaner waren, und teilte ihnen mit, dass sie nach Hause geschickt würden. Dann ging er auf Kolbe zu, um ihm feierlich – so wie man vor der Front angetretenen Soldaten eine Auszeichnung verleiht – das Beste, was er hatte, zu übergeben: zweihundert Gramm Margarine. Im Austausch für diese Gabe erhielt der Kommandant sofort eine Wundertätige Medaille ausgehändigt, von der er sich nicht mehr trennen wird, die er aber leider nicht um den Hals trägt, sodass sie sich gegen Ende des Krieges zusammen mit seinem Gepäck durch die Urteilsunfähigkeit eines amerikanischen Geschosses in Luft auflöste.

Nach einigen Umwegen mit der Eisenbahn fanden sich Kolbe und seine Kameraden wieder in Niepokalanów ein. Am Eingang lag die Marienstatue in Stücke zerschmettert am Boden. Die Kirche war verwüstet, die Räumlichkeiten mit Ausnahme einiger überalterter Maschinen und einiger entzweigegangener Möbelstücke ausgeplündert worden. Die konsternierten Brüder sahen Kolbe an und fragten sich, wie wohl seine Reaktion angesichts seines verwüsteten Werkes sein werde; er jedoch machte bereits Pläne für seine Restauration. Sein schönstes Werk, das nicht vernichtet werden konnte, war nicht sein Kloster; er selbst war es.

Der Aufschub

Selbstverständlich erhielten die »vorübergehend« Deportierten keinerlei Erklärungen über ihre Internierung. Gleichzeitig mit ihnen wurden in ganz Polen Tausende von Priestern von den Besatzern verhaftet, die das Land bequem zu okkupieren gedachten, ohne dabei vor jenen Individuen auf der Hut sein zu müssen, die die Eigenschaft hatten, bei ihren Landsleuten Hoffnungen zu erwecken, die dem Reglement des totalen Krieges zuwiderlaufen. Wenn einige von ihnen freigelassen wurden, so deshalb, weil die fest auf polnischem Gebiet etablierte Armee davon überzeugt war, nichts mehr von ihnen befürchten zu müssen. Oder aber die Sicherheitsdienste stellten eine ganz abgefeimte Rechnung auf, indem sie davon ausgingen, dass sich um diese Subjekte Widerstandszellen bilden würden, die dann leichter als andere zu orten wären.

Der Briefwechsel Kolbes, der durch jenen unerquicklichen Ausflug in den Stacheldrahtverhau unterbrochen worden war – diese schossen auf dem Gebiet des »Reiches« wie Pilze aus dem Boden –, lebte im Dezember 1939 mit einem Schreiben wieder auf, das an den »deutschen Distriktoffizier von Sochaczew« gerichtet war, zu dessen Einzugsgebiet auch Niepokalanów gehörte. Kolbe beantragte bei diesem Mann, der Macht über alles hatte, die Genehmigung zur Wiederaufnahme der Veröffentlichungen des *Ritters*, wozu es nötig war, die auf den veralteten Maschinen angebrachten Siegel zu entfernen, die von den Plünderern des Klosters verschmäht worden waren. Die Gründe, die er vorbrachte, enthüllten die eigentlichen Motive jener Art offensichtlicher politischer Neutralität, die er während der kurzen Zeit, die ihm noch zu leben blieb, beobachten konnte. »Ziel dieser Zeitschrift«, schrieb er mit Bleistift, weil der endgültige Text erst noch ins Deutsche übersetzt werden musste, »ist lediglich ihre Verbreitung unter den Seelen der Liebe sowie die Marienverehrung. Wir glauben fest daran, dass Maria im Paradies lebt und dass sie jede Seele dieser Erde liebt. Aber nicht alle wissen von ihrer Liebe oder erinnern sich ihrer Liebe, so wie sie es verdiente … Wir möchten zu jeder lebenden Seele in dieser Welt sprechen, und zwar in allen Sprachen, die es gibt, um die Gnaden, die sie in die Herzen senkt, zu beschreiben … Bislang wird der *Ritter* nur auf Lateinisch, Polnisch, Italienisch und Japanisch veröffentlicht, obwohl die Subskriptionsformulare in dreizehn Sprachen gedruckt sind, nämlich auf Polnisch, Englisch, Arabisch, Tschechisch, Lateinisch, Flämisch, Holländisch, Japanisch, Französisch, Litauisch, Deutsch, Portugiesisch und Italienisch. Mit der Zeit möchten wir jedoch keine der auf der Erde gesprochenen Sprachen außer Acht lassen.

Der *Ritter* steht ganz im Dienste der Liebe, und wenn er zufällig einmal die christliche Nächstenliebe auch nur um das Geringste verfehlen sollte, so entspräche dies ganz sicherlich nicht dem Geiste der ›Miliz‹ und den Absichten unserer Ordensoberen.

Wie es die beigefügte Satzung beweist, befasst sich unsere ›Miliz‹ nicht mit Politik; folglich beschäftigt sich auch der *Ritter*, der ihr offizielles Organ ist, nicht mit Politik.«

Das Einzige, was es für Kolbe in dieser Welt noch zu retten galt, in der man immer deutlicher den entsetzlichen Rachen des Molochs aus dem Dunkel einer neuen Barbarei auftauchen sah, war die Liebe, die – so wie der Hass sich aus sich selbst nährt – aus dem Glauben lebt. Diese Liebe, die von Gott stammt und über die niemand auf der Welt auch nur die geringste Macht besitzt, sollte zwischen denen, die reinen Herzens sind, das Netz eines geheimen Einverständnisses flechten, das jenem vergleichbar ist, das die Christen aus der Zeit der Katakomben miteinander verband. Dies war der Grund, warum Kolbe aus Niepokalanów kein politisches Widerstandszentrum gemacht hatte, das innerhalb einer Viertelstunde hätte zerstört werden können. In diesem erneut in seinem Glauben – gleich dem Leib Christi – in einem Fragment der Eucharistie vereinten Polen verlief die Widerstandslinie über die liebenden Seelen, transzendentierte sein Glauben das Unglück und die Unterdrückung durch die Aggressoren, die von den Polen ironischerweise »ihre Gäste« genannt wurden.

Drei Monate später erneuerte Kolbe seinen Antrag bei demselben Offizier, indem er neue Argumente vorbrachte: »In hundert oder zweihundert Jahren werden Sie und ich nicht mehr leben; es bleibt dann nur die eine Frage übrig: Werden wir in diesem Moment noch existieren und wo? Werden wir glücklich sein? Dasselbe gilt für alle Menschen, jede Stunde bringt uns diesem Augenblick näher. Unsere Zeitung befasst sich mit Problemen dieser Art.« Danach erklärte er, dass die »Heilige Jungfrau keine Fabel, sondern ein lebendes Wesen ist, das jeden unter uns liebt«. Nur sind sie und ihre Liebe nicht bekannt genug. Er empfinde, schrieb er, für niemanden auf dieser Erde Hass, dieses Gefühl sei in seinem Orden unbekannt; man könne ihn ruhig besuchen kommen, wenn man sich davon überzeugen wolle.

Der Distriktoffizier gab auch diesen Brief zur Ablage. Die Jungfrau Maria gehörte nicht zu den in sein Verwaltungsgebiet fallenden Einwohnern. Er war auch nicht neugierig darauf zu erfahren, wo er in hundert Jahren sein würde.

Am 21. Mai 1940 schrieb Kolbe an die aus Niepokalanów vertriebenen Brüder: »Liebe Söhne! Ein einziger Akt vollkommener Liebe lässt die Seele wiedererstehen … In der Praxis ist dies gar nicht so schwer, denn das Prinzip eines solchen Aktes ist die opferbereite Liebe. Lasst uns versuchen, der unbefleckten Jungfrau zu gefallen, indem wir uns mit ganzer Kraft unter Außerachtlassung einer Belohnung oder Bestrafung für sie einsetzen.« Darauf folgt ein Bericht über die neuesten Aktivitäten Niepokalanóws.

Solange er auf die Genehmigung der Veröffentlichung des *Ritters*, die nicht kommen wollte, wartete, hatte Kolbe sein »Verlagskloster« in ein Pflegezentrum umgewandelt, in dem der Bevölkerung der Umgebung geholfen wurde: Er gab Flüchtlingen Unterkunft, ließ mechanische Reparaturen durchführen und Nahrungsmittel produzieren. Im Krankenrevier wurden täglich sechzig bis siebzig Menschen versorgt, die aus der kleinen Apotheke des Klosters auch Medikamente erhielten oder in das Hospital aufgenommen wurden, das im Refektorium eingerichtet worden war. In der mechanischen Werkstätte wurden Maschinen und landwirtschaftliche Geräte der Bauern der Umgebung repariert. Die Schreinerei stellte Tische, Stühle, Bänke und Schemel sowie Eierkisten für den Nachschubbereich her. Die Mönche, die Schneider waren, nähten neue Kleidungsstücke, diejenigen, die Schuster waren, besohlten altes Schuhwerk und stellten auch neue Schuhe her. Die Küchenbrüder bereiteten dreimal am Tage die Mahlzeiten für 1 500 Flüchtlinge, die das Brot aus der Klosterbäckerei aßen und fast das ganze Kloster für sich in Anspruch nahmen. Die Klostergärtner pflanzten auf jedem nur erdenklichen Fleckchen bebaubaren Bodens Kohl, Tomaten, Gurken und Kartoffeln an; Uhren wurden repariert und Käse produziert. Damit man über alldem nicht vergaß, warum man in das Kloster eingetreten war, und da es unmöglich war, sich von anderswoher diesen kostbaren Artikel zu besorgen, wurden Statuen der *Immaculata* aus Gips geformt.

Zu Beginn des Sommers 1940 haben die westlichen Demokratien die französische Armee verloren, die entweder zerstört ist oder deren Soldaten gefangen genommen worden sind. England, das allein dasteht, stellt sich Hitler mithilfe einiger aus den militärischen Desastern des Kontinentes überlebender Freiwilliger, die nicht resignieren wollen. Die Fahne der Nazis mit jenem schwarzen Symbol eines Unheil verkündenden Räderwerkes weht über acht Hauptstädten. In Polen gibt es kein anderes Gesetz mehr als das des Siegers, der langsam seine Vorrichtungen des Tötens oder der Knechtung der Besiegten installiert.

In Niepokalanów leitete Kolbe oft vom Krankenbett aus, denn es war ebenso wenig möglich, ihn zu entmutigen wie ihn auf Inaktivität zu reduzieren, die hundert Mönche seines Unternehmens, das er auf den Trümmern des früheren aufgebaut hatte. Dieser kleine Franziskaner, den man so lange verkannt hatte, hätte den Phönix zu seinem Emblem machen können: Wird sein Werk zerstört, so wird es am nächsten Tage in einer anderen Form wiedererstehen. Wird sein Aktionsradius beschnitten, dann wirkt er in die Tiefe. Wird seine Druckerei geschlossen, dann eröffnet er eine Kantine. Wird er zum Schweigen verurteilt, dann werden seine heilenden Hände das zum Ausdruck bringen, was sein Mund nicht mehr sagen darf. Wird ihm verboten, seinen Glauben zu bekennen, dann wird er in Hoffnung leben, und die Nächstenliebe, die bislang aus seinen Schriften sprach, wird in seinem Krankenhaus praktiziert werden.

Während des Jahres 1940 funktionierte Kolbes System wiedererlangter und umgewandelter Liebe auf vollen Touren. Seit Dezember 1939 konnte er übrigens 3 500 Vertriebene aus dem Gebiet Posen, unter ihnen 1 500 Flüchtlinge jüdischen Glaubens, aufnehmen. Nach dem Krieg war es besser, mit den Überlebenden nicht über den angeblichen »Antisemitismus« Kolbes zu sprechen, denn Niepokalanów war für sie auf dieser Erde die letzte Rast gewesen, wo sie Mildtätigkeit und Brüderlichkeit erfahren haben. Der einzige

Fehler Kolbes, den er den Juden gegenüber begangen haben mag, war, dass er sich einige Zeit lang von einer Fälschung hatte beeindrucken lassen, nämlich dem »Protokoll der Weisen von Zion«, einem vermeintlichen internationalen, zwischen fingierten jüdischen Verschwörern geschlossenen Pakt der Machtergreifung. Zu seiner Zeit waren viele auf diese Fälschung hereingefallen, was ihn jedoch nie daran hinderte, die Juden mit offenen Armen zu empfangen und ihnen sogar nachzulaufen, um sie an die Rechte und die Pflichten ihres Auserwähltseins zu erinnern. Die Juden aus Niepokanalów jedenfalls haben von ihrer Dankbarkeit schriftlich Zeugnis gegeben.

Die Besatzungsmacht bediente sich der Klosteranlagen Kolbes wie einer Wohltätigkeitseinrichtung, zu der auch noch ein Transitbahnhof gehörte, und schickte Kolbe polnische Juden oder Katholiken, aber auch Volksdeutsche, das heißt »deutschsprachige Emigranten«, die in den eroberten Ländern aufgegriffen worden waren und die man, ehe sie nach Deutschland zurückgebracht oder auf annektiertem Boden angesiedelt wurden, umgruppierte. Kolbe profitierte von diesen Umständen, um sich Lebensmittelbezugsscheine zu beschaffen sowie die Erlaubnis zu bekommen, die verstreuten Mönche wieder zusammenzuholen. Wenn ihre Vorräte und Mittel erschöpft waren, zogen die Mönche über Land und bettelten von denen, die nicht viel hatten, für diejenigen, die gar nichts hatten. In seinen Briefen nannte Kolbe diese »Flüchtlinge« bei ihrem wahren Namen: Mit Ausnahme der Volksdeutschen – und selbst bei diesen war er sich nicht sicher – handelte es sich um Deportierte; hierüber bestanden für ihn jetzt keine Zweifel mehr. Nur noch ihr Bestimmungsort oder ihr Schicksal war ungewiss.

Die Monate verstrichen, und endlich ging die Genehmigung ein, dass eine Nummer des *Ritters* veröffentlicht werden dürfte. Die Ausgabe wurde auf den alten, von den Plünderern des Klosters verschmähten Maschinen gedruckt und erschien zum Fest Marias am 8. Dezember mit drei Aufsätzen Kolbes. Beim ersten Artikel handelte es sich um ein Wort des Herausgebers, bei dem Kolbe die Absichten der Zeitschrift umriss und mit resolutem Optimismus um Abonnenten warb, wobei das Besondere war, dass der *Ritter* für diejenigen, die nicht zahlen konnten, gratis abgegeben werden sollte. Im zweiten Artikel pries Kolbe Marias Ruhm aus Anlass des Festes der »Unbefleckten Empfängnis«, einem Datum, an dem in Kolbes Leben oft ein glückliches oder unglückliches Ereignis eintrat. Der dritte Aufsatz, der die Überschrift »Die Wahrheit« trug, war eine Art chiffrierter Botschaft mit doppelter Bedeutung. Man kann ihn als harmloses Exposé über die Wohltaten des Identitätsprinzips nehmen (»A ist gleich A«), das heißt, man kann eine Sache nicht behaupten und sie gleichzeitig leugnen; wenn sich dann unzählige Opponenten einfinden, um das Gegenteilige zu behaupten, wird die Wahrheit davon nicht berührt werden, weil sie ebenso mächtig wie einmalig ist. Nichts kann sie verändern, man kann sie nur suchen, finden, anerkennen und sein Leben ihr gemäß ausrichten. Das Glück, das jeder Mensch auf dieser Welt sucht, kann nur auf der Wahrheit aufgebaut werden. Ohne sie ist das Glück auch nicht dauerhafter als die Lüge, und dies gilt sowohl für jeden einzelnen Menschen als auch für die ganze Menschheit. Diese aufschlussreiche und erbauliche Eindeutigkeit richtete sich direkt gegen die Grundprinzipien des Nazisystems, das, wie alle totalitären Regime, auf einer standbildhaften Gleichgültigkeit gegenüber dem Wahren und Falschen sowie auf einer permanenten Austauschbarkeit des Guten mit dem Bösen aufgebaut war. Ohne Zweifel hatte es der Distriktoffizier sofort bereut, dass er die Genehmigung zur Veröffentlichung des *Ritters* erteilt hatte. Dieser Artikel Kolbes wird der letzte in seinem Leben gewesen sein.

Die Verhaftung

Nach einigen Monaten in Niepokalanów durften einige der »Gäste« unbestimmter Provenienz nach Hause zurückkehren, anderen wurde ein Aufenthalt in dieser oder einer anderen Region ihres Heimatlandes zugewiesen. Die unglücklichsten unter ihnen wurden in Lager eingewiesen, von denen man – ohne genau sagen zu können, warum – wusste, dass es Grund gab, sich vor ihnen zu fürchten. Die Wahrheit über die Konzentrationslager der Nazis war kaum bekannt. Der Autor dieses Buches, der von der Gestapo in der »Judenbaracke« der Festung Montluc bei Lyon interniert gewesen war und über die Nazimethoden so gut wie eben möglich informiert war, bildete sich wie alle seine Mitgefangenen im Jahre 1943 noch ein, dass Konzentrationslager eine Art Freiluftgefängnis mit Zwangsarbeit, aber ohne Schießereien seien. Die deportierten Juden glaubten, den Geiselmassakern, die turnusmäßig die »Baracke« leerten, zu entkommen, und verließen diese daher mit der Illusion eines Häftlings, der das *Bagno*[10] für immer noch besser als das Zuchthaus hält.

Während Kolbe mithilfe seiner immer zahlreicher werdenden Brüder verbissen darum kämpfte, sein Werk zu konsolidieren, tat der Klosterbesatzer sein Möglichstes, es wieder zu demolieren. Es wurden Munitionsdepots in einem der Klostergebäude angelegt, was ein guter Vorwand

---

[10] *Bagno* (ital. »Bad«) hießen in Italien und Frankreich seit dem 17. Jahrhundert die Strafanstalten, in denen zur Zwangsarbeit Verurteilte ihre Strafe verbüßten.

für die Verdopplung der Wachen in anderen Gebäuden war. Die Gestapo, welche die Flüchtlinge in Verdacht hatte, dem Reich gegenüber keine Dankbarkeit zu empfinden, drang des Öfteren in das Kloster ein und schmuggelte auch Agenten ein, die übrigens bald erkannt wurden und die, wie man es von ihnen erwartete, schädliche Berichte verfassten. Kolbe betete für sie und schenkte ihnen Medaillen, so wie man die Soldaten an der Front auszuzeichnen pflegt. Der heilige Franz von Assisi predigte den Vögeln; mit ungleich weniger Erfolg predigte Kolbe den deutschen Adlern. Es kamen Journalisten der deutschen Warschauer Tageszeitung, die höflich empfangen wurden, von der angebotenen Suppe aßen, um dann nach ihrer Abreise einen Artikel zu veröffentlichen, in dem Niepokalanów als ein politisches Widerstandsnest denunziert wurde. Eines Tages traf plötzlich ein Offizier der Distriktverwaltung mit seiner Mätresse ein, der die »bunt bemalte« Dame in Kolbes Zimmer schob, so wie einst dem heiligen Thomas von Aquin eine professionelle Aufklärerin geschickt worden war, die ihn der Metaphysik entreißen und zu den bei den jungen Leuten seines Alters üblichen Zerstreuungen verführen sollte. Der heilige Thomas verjagte diese Kreatur mit einem brennenden Holzscheit. In unserem Falle kam die Versucherin mit einer Predigt davon und der Kuppler mit einem philosophischen Diskurs über den Zölibat des geistlichen Standes.

Ein anderer Besuch könnte mehr Folgen gehabt haben, vielleicht hatte er es in der Tat. Im Laufe des Sommers wurde Kolbe von einigen Distriktdelegierten im Auftrag der Warschauer Behörden unter dem Vorwand seines deutsch klingenden Namens und seiner Kenntnis der deutschen Sprache die deutsche Staatsbürgerschaft vorgeschlagen. Hätte er sie akzeptiert, dann wäre er ein »Volksdeutscher« geworden, wie jene Bewohner, die er bereits in seinem

Kloster beherbergte. Er wäre dann vor willkürlichen Festnahmen geschützt gewesen und hätte alle administrativen Hilfen für die Fortsetzung seines Werkes haben können; seine relative Immunität hätte sich auf das ganze Kloster ausgewirkt. Aber wir erinnern uns, wie Kolbe als Kind heiße Tränen weinte, wenn ihn seine kleinen Kameraden wegen seines Familiennamens hänselten, der für sie zu sehr deutsch klang, als dass er hätte polnisch sein können. Die Abgesandten, die nicht verstanden, dass man bei ihrem Angebot zögern konnte, wenn man die Wahl hatte, von der Lage des Besetzten in das Lager des Besatzers zu wechseln, erlebten die Überraschung, dass er ihr Angebot ausschlug.

Für den *Advocatus Diaboli* war diese schöne patriotische Reaktion keine Handlung, die es wert war, in einem Seligsprechungsprozess berücksichtigt zu werden.

Seit seiner Rückkehr von Amtitz hatten ihn seine Gefährten schon mehrfach beschworen, von Fluchtgelegenheiten, die sich aus unvorhergesehenen Zufällen auf der Reise anboten, zu profitieren. Mehr denn irgendeinen anderen unter ihnen hielten sie ihn aufgrund seiner physischen Gebrechlichkeit sowie seiner Verantwortlichkeiten, die ihn exponierten, für bedroht. Für den Orden, für die Kirche und ihrer eigenen Hoffnungen wegen hielten sie ihn für unentbehrlich. Es erschreckte sie, dass er ständig davon sprach, das Ende des Krieges nicht mehr zu erleben. Was sie aber Flucht nannten, hätte für Kolbe das Verlassen seines Postens bedeutet, woran er nicht im Entferntesten dachte.

Während der letzten drei Monate der Freiheit sollte ihn die Unterdrückung um nicht einen Deut von seinem geistlichen Kurs abbringen. Auch die Sprache seiner Briefe änderte sich nicht, in denen er unerschütterlich und unerschrocken immer gleichen Tones fortfuhr:

»Mir scheint, dass wir es nicht zulassen dürfen, von denen, die Hilfe von uns erwarten, eine Anleihe oder ein Pfand zu nehmen. Vielmehr müssen wir ihnen nach Möglichkeit das, was sie brauchen, geben.

Lasst die göttliche Vorsehung walten … Viele, die früher im Überfluss lebten und kaum je an die Ewigkeit dachten, kümmern sich heute, da sie arm geworden sind, etwas mehr um ihr Seelenheil.

Das Leben in dieser Welt ist nicht lang, geht es doch nur darum, sich auf die Ewigkeit vorzubereiten. Dieses Staubkorn des Universums, das man Erde nennt, kennt sein Ende, und alle Probleme enden mit ihm.

Kümmert Euch nicht um Eure Haare. Auch unser Vater, der heilige Franziskus von Assisi, führte keinen Spiegel und keinen Kamm mit sich in der Tasche. Man stellt ihn sich auch nicht mit einer Zigarette im Mund vor.

Die Marienweihe ist für unerschrockene Herzen gedacht, die weder Angriffe noch Verrat fürchten, gibt es doch kein Bild der Jungfrau Maria, auf dem nicht dargestellt wird, wie sie die Schlange unter ihren Füßen zertritt.

Angesichts von Leiden und von Erniedrigung entsetzt sich die menschliche Natur; aber wie müssten diese Leiden doch im Lichte des Glaubens willkommen geheißen werden zum Zweck der Reinigung unserer Seelen!

Inmitten äußerer und innerer Stürme ist es nötig, Ruhe zu bewahren. Die Apostel verloren sie, als die Windböe über den See Genesareth vor Tiberias fegte und Christus sie wegen ihres Kleinmutes tadelte.

Das Problem des Kartoffelschälens ist gelöst. (Die Deutschen ließen jeden Ordensbruder täglich sechzig Kartoffeln schälen. Wahrscheinlich hat Kolbe ein Gerät dafür erfunden.)

Meine liebste Mutter. Ich versuche, die Genehmigung zu bekommen, um im Februar (1941) eine neue Ausgabe des *Ritters* zu drucken.

Einmal glaubte ich, dass meine Gebeine in der japanischen Niederlassung von Niepokalanów bestattet würden.

Aber wer weiß heute noch, wo die Menschheit will, dass ich sie eines Tages hinterlasse?

Ehrwürdigster Vater. Was die Heranbildung junger Geistlicher betrifft, so taugt das Prügelsystem wohl nicht viel, denn überall in der Natur entwickelt sich das Leben mit Sonne und Tau.

Wir sind im Augenblick vor allem mit manueller Arbeit beschäftigt, um der Bevölkerung aus der Umgebung, vor allem den Ärmsten unter ihnen, zu helfen.«

Schließlich schreibt er noch an Cornélius Kaczmarek, dessen Adresse lautet: Dachau.

»Du lebst! Dank sei Gott und der Heiligen Jungfrau!« Darauf folgt eine Beschreibung der verschiedenen Aktivitäten Niepokalanóws, wo vor einiger Zeit eine Rotkreuz-Einheit für die polnischen Kriegsgefangenen eingerichtet worden war.

Dies war sein letzter Brief als freier Mensch oder vielmehr eines in der Freiheit überwachten Mannes.

Seine Ablehnung der deutschen Staatsbürgerschaft und die Berichte der Spione, die mit Lügen das ihnen von der Polizei entgegengebrachte Vertrauen erfüllten, konnten nicht ohne Auswirkungen bleiben. Die Gestapo, die einem mildtätigen Werk misstraute, dessen Initiator die Ehre der Integration in das »Großdeutsche Reich« abgelehnt hatte, zitierte einen seit Kurzem aus Niepokalanów ausgeschlossenen Bruder herbei,weil er angeblich die Idee gehabt hatte, dort Falschgeld zu drucken. Sie verhörten ihn über die angeblich subversiven Aktivitäten Pater Kolbes und zwangen ihn, ein Protokoll zu unterschreiben, das auf Deutsch (der Sprache, die er nicht kannte) das Gegenteil von dem aussagte, was er in Polnisch zu Protokoll gegeben hatte, so wenigstens behauptete es dieser Zeuge im Nachhinein immer wieder. Wie dem auch sei, diese Aussage, sei sie nun gefälscht oder nicht, wurde ein furchtbares, von den Nazis gegen Kolbe verwendetes Beweisstück.

Zudem bereitete Hitler im Februar 1941 seine große Offensive gegen Russland vor, die zwar im Mai stattfinden, aber durch Mussolinis gravierenden Fehler verzögert werden sollte, dessen Heißhunger auf Eroberungen ihn in das griechische Wespennest stürzte, wo seine Armee ohne die Hilfe der deutschen Truppen zugrunde gegangen wäre. Wenn auch verzögert, so stand der Angriff auf Stalin nun doch nahe bevor. Um leicht manövrierfähig zu sein, stampfte Hitler den Boden und die Bevölkerung Polens unter seinen Füßen nieder, während auf der anderen Seite der Trennungslinie Stalin die Gräben von Katyn mit polnischen Offizieren füllte. Die beiden größten Lügner der zeitgenössischen Geschichte standen sich nun gegenüber. Eigenartigerweise vertraute der östliche Lügner, der sonst jedem misstraute, dem Fetzen eines Abkommens, das er zusammen mit dem westlichen Lügner, der so sehr log, dass er ihm gerade dadurch Vertrauen einflößte, unterschrieben hatte. Stalin glaubte den Berichten nicht, die ihm eine unmittelbar bevorstehende Lawine von deutschen Panzern ankündigten.

Für Hitler ging es darum, den Nachschub für seinen kommenden Russland-Feldzug sicherzustellen und Polen vollkommen ungefährlich zu machen, und zwar nicht nur durch die brutale Unterdrückung seiner letzten Zuckungen und die Entfernung störender oder suspekter Personen, sondern auch durch die präventive Ausrottung all jener, die geeignet schienen, irgendwann einmal eine eventuelle Widerstandsbewegung anzustiften oder anzulocken: der Elite im Allgemeinen und der Intellektuellen und Geistlichen, zu denen Kolbe zählte, im Besonderen. Zwischen den Jahren 1939 und 1945 sollten durch diese noch von Stalins Politik ergänzte Taktik sechs Millionen Polen, Juden und Katholiken getötet werden.

Am Abend des 16. Februar 1941, dem Vorabend seiner Festnahme, sprach Kolbe mit einer kleinen Gruppe junger

Anhänger über das Glück, das einem Menschen widerfährt, wenn er dazu berufen sein sollte, sein Blut für ein Ideal zu vergießen. Danach führte er mit fünf der Brüder aus den ersten Zeiten Niepokalanóws ein langes Gespräch, nach welchem sie sich einen Fladen Brot teilten, so wie einst die Apostel im Abendmahlssaal das Brot miteinander gebrochen hatten. Danach kehrte er in seine Zelle zurück, konnte aber nicht schlafen. Beinahe ebenso sicher wie Christus am Vorabend seiner Passion wusste auch er, dass seine Stunde nun gekommen war.

Um zwei Uhr früh weckte er einen Bruder und betete mit ihm in seiner Zelle.

Um vier Uhr früh besuchte er einen anderen Bruder, dem die Blässe seines Gesichtes auffiel.

In dieser Nacht, so berichtet das Evangelium, ging Jesus, der auf dem Ölberg an einem Ort namens Gethsemane, abseits von seinen Jüngern betete, zu diesen hin und fand sie schlafend. Er sprach zu ihnen: »Meine Seele ist betrübt bis in den Tod.« Dann entfernte er sich wieder, um zu beten, kehrte nochmals zu ihnen zurück, fand sie wiederum schlafend und sagte zu ihnen: »Könnt ihr nicht eine Stunde mit mir wachen?«

Im Morgengrauen wurde Kolbe von Warschau aus, wo er selbst noch in den Reihen der Feinde Freunde hatte, eine Polizeirazzia angekündigt.

Er kleidete sich in das Sonntagsgewand der Franziskaner, erledigte mit einem Sekretär einige Geschäfte und wartete.

Im Verlauf des Vormittags teilte ihm der Bruder Pförtner telefonisch mit, dass eine schwarze Wagenkolonne in Niepokalanów eingefahren sei. Kolbe legte den Hörer auf und murmelte: »Nun gut, Maria.«

Die Polizisten begegneten ihm auf der Schwelle seines Zimmers. Er sagte höflich: »Gelobt sei Jesus Christus«, wie es in den Klöstern Brauch ist. Nachdem sie sich seiner Identität vergewissert hatten, schlug er ihnen zu ihrer Überraschung einen Rundgang durch die Klosterwerkstätten vor, was sie akzeptierten. Nach Beendigung der Führung erklärten sie ihn für verhaftet, verlangten nach fünf weiteren Brüdern, fanden aber nur vier vor. Der fünfte, von dem man annahm, er sei in Warschau, war in seinem Zimmer, und niemand dachte daran, ihn ausgerechnet dort zu suchen.

In dem Augenblick, in welchem die Gefangenen in die Wagen stiegen, ging ein Bruder zu Kolbe und gab ihm ein in eine Tüte gewickeltes Stück bestrichenen Brotes. Ein anderer, ein sehr viel jüngerer Mönch, bat um die Erlaubnis, Kolbe begleiten zu dürfen. Die Polizisten entgegneten ihm, das sei nicht nötig, da er bald zurückkehren werde.

Als sie abfuhren, sahen die an den Fenstern verharrenden Mönche, wie Kolbe ihnen freundschaftlich zuwinkte.

Danach, so sagt es das Evangelium, wurde er den Soldaten übergeben, um gegeißelt zu werden.

Pawiak

Es ist nicht bekannt, ob Kolbe bei seiner zweiten Festnahme besser über die Gründe seiner Verhaftung informiert wurde als das erste Mal. Es existiert kein Vernehmungsprotokoll, und es scheint, als ob die Gestapo, als sie in Niepokalanów eindrang, ihm nur Fragen bezüglich seines Unterrichts gestellt habe, denn seit Kurzem war es in Polen in der Tat verboten, Priester auszubilden.

Zusammen mit seinen vier Gefährten wurde er in das Gefängnis Pawiak gebracht, einen monumentalen Gefängniskomplex, der in Warschau ebenso gefürchtet war wie das Lubjanka-Gefängnis in Moskau. Er wurde mit ihnen zusammen in einen Gemeinschaftsraum gesperrt, in dem bereits ungefähr dreißig entstellte und abgerissene Inhaftierte auf ihr Urteil – einer fraglichen Vergünstigung – warteten oder darauf, deportiert oder von der Polizei getötet zu werden. Kurz darauf wurden die fünf Ordensbrüder getrennt und in verschiedenen Gefängnistrakten eingekerkert.

Ob es sich nun um den Kerker eines Gefängnisses oder die Zelle eines Klosters handelte, Kolbe blieb Kolbe. Er beschäftigte sich weit mehr mit den anderen als mit sich selbst und verbrachte die Zeit seiner Kerkerhaft wie eine Bestimmung der Vorsehung, die er ohne eine einzige Klage akzeptierte und wobei er nur die eine Sorge hatte, wie er in diesem sterilen Milieu bei seinen Mitgefangenen etwas Hoffnung erwecken könnte.

Da es die Gefängnisverwaltung den Gefangenen erlaubte, Briefe zu schreiben – vorausgesetzt, es handelte sich um gute und auf Deutsch abgefasste Mitteilungen –, erhielt Niepokalanów sechs Briefe von ihm, worunter sich einmal ein vorgedrucktes Formular befand, auf dem der Absender lediglich seinen Namen und seine Unterschrift hinzufügen konnte.

»24. Februar. Bitte, schickt an jeden von uns in einem Karton ein Hemd, ein Paar Unterhosen, zwei Paar Schuhe, zwei kleine Handtücher, zwei Taschentücher, eine Zahnbürste und Zahnpasta. Diese fünf Pakete, die an jeden von uns getrennt adressiert sein müssen, können beim VII. Kommissariat in der Rue Krochmalna abgegeben werden. Neben dem Namen des Empfängers muss auch der Name der Eltern (als dem vermutlichen Absender) vermerkt sein. Ich bitte Euch, an jeden von uns außerdem per Postanweisung zehn Zloty (für die Briefmarken) zu schicken.«

»13. März. Lieber Sohn (an seinen Vertreter in Niepokalanów): Ich habe Deine Postkarte vom 4. März und ein zweites Paket mit Wäsche erhalten. Bitte, schickt mir kein Büromaterial und auch keine weiteren Pakete mehr, erst wenn ich ausdrücklich darum bitte. Pass auf Deine Gesundheit auf. Alle Brüder hier beten viel und gut, sie arbeiten und sind nicht traurig, denn nichts kann geschehen, ohne dass der liebe Gott und die Unbefleckte Jungfrau es wissen und zulassen.«

»2. April. Lieber Sohn, vielen Dank für Deine Karte vom 22. März. Zuvor habe ich eine Postkarte von Bruder Arnold erhalten, dem ich bereits geantwortet habe. Auch das Geld ist eingetroffen. Ich danke der Heiligen Jungfrau Maria, dass auch bei Dir alles in Ordnung ist und dass alle sich bemühen, ihre Aufgaben gut zu erfüllen. Seit einiger Zeit bin ich wegen meines Fiebers im Krankenrevier. Bruder Batosik (er wird in Auschwitz sterben) hatte eine Lungenentzündung mit hohem Fieber; aber jetzt geht es ihm wieder gut, wenn er auch noch sehr geschwächt ist. Was die Lebensmittelpakete für Ostern betrifft, so musst Du Dich deswegen beim VII. Kommissariat der polnischen Polizei erst erkundigen. Sie müssen getrennt an einen jeden von uns adressiert werden, weil wir nicht beisammen sind. Es wäre schön, wenn wir zwei oder drei Postkarten bekommen könnten, damit wir Euch antworten können. Meine allerherzlichsten Grüße an Euch alle, mit der inständigen Bitte um Euer Gebet.«

»1. Mai (hierbei handelt es sich um das vorgedruckte Formular): Es ist mir erlaubt, zweimal pro Monat ein Lebensmittelpaket mit je 5 kg zu empfangen. Die Pakete müssen beim VII. Polizeikommissariat in der Rue Krochmalna Nr. 56 am 5. und 20. des Monats zwischen 12 und 18 Uhr abgeliefert werden. Das vorliegende Schreiben muss im Büro des Kommissariats vorgelegt werden.«

»1. Mai: Meine Lieben, ich habe das Osterpaket und die Postkarten der Brüder Freilich, Ivo und Arnold erhalten. Vielen Dank. Ich freue mich, dass Ihr viel Arbeit habt, wofür Gott und der Unbefleckten Jungfrau Dank sei, dieser liebenden Mutter, die sich um ihre Kinder auch in Zukunft kümmern wird, so wie sie es in der Vergangenheit getan hat. Ich konnte heute das Krankenrevier bereits verlassen, bekomme aber noch die Krankenrationen. Zurzeit bin ich der Bibliothek zugeteilt. Heute beginnt der schöne Monat Mai, der der Muttergottes gewidmet ist. Ich hoffe, dass Ihr mich bei Euren Gebeten nicht vergessen werdet.«

Und der letzte Brief:

»12. Mai: Meine Lieben, bitte schickt mir Zivilkleidung; dies schreibe ich auf Anweisung des Kommandanten. Mantel und Hosen sind nicht vonnöten, weil die, die ich habe, noch gut erhalten sind. Schickt mir (warme) Arbeitskleidung mit einer Weste mit zuknöpfbarem Kragen, einen Schal oder ein Halstuch. Dies ist sehr dringend. Ich habe Euer Paket vom 5. und die Briefe der Brüder Félix und Pélage erhalten. Die Heilige Jungfrau wird Euch belohnen.

Ich kann nicht jedem Einzelnen antworten, weil es mir nicht erlaubt ist, öfters zu schreiben. Aber auf meinen Postkarten bestätige ich jeden Brief, jede Karte und jedes Paket, das ich von Euch erhalte. Wir wollen uns noch gehorsamer von der Heiligen Jungfrau dahin leiten lassen, wohin sie es wünscht, damit alle Seelen für ihre Liebe gewonnen werden können, wenn wir unsere Pflicht gut erfüllt haben. Herzliche Grüße und Wünsche an alle und an jeden Einzelnen.« Er unterzeichnete mit »Raimund Kolbe« entsprechend seinem zivilen Status, denn für die deutsche Polizei gab es keinen Pater Maximilian.

In der Zwischenzeit hatten zwanzig Brüder aus Niepokalanów an die Gestapo geschrieben und ihr vorgeschlagen, anstelle von Kolbe ins Gefängnis zu gehen. Sie erklärten sich auch bereit, ihrerseits die Verantwortung für alles zu übernehmen, was man ihm zur Last lege, und auch die Konsequenzen zu tragen. Welch reine Unschuld! Die Gestapo konnte dieses Angebot nicht nur nicht akzeptieren; sie packte vielmehr die Beute, auf die man so großen Wert legte, noch fester.

Er wurde geschlagen. Ein Scharführer, das heißt ein Feldwebel, der zweifellos zu jener hybriden Gattung des Sicherheitsdienstes gehörte, die eine Kreuzung zwischen SS und Gestapo war, fiel eines Tages über Kolbe her, packte den Rosenkranz, den dieser an seinem Gürtel trug, und forderte ihn auf, indem er auf dessen Kruzifix zeigte, zu sagen, ob er tatsächlich an Gott glaube. Nachdem Kolbe dies bejaht hatte, schlug er ihm ins Gesicht. Danach wiederholte er seine Frage mehrere Male, und da er jedesmal dieselbe Antwort erhielt, schlug er Kolbe jedesmal wieder. Nachdem der Scharführer hinausgegangen war, gingen seine Kameraden zu dem betenden Kolbe, um ihn zu trösten. Er aber bedeutete ihnen, sich nicht um ihn zu sorgen, denn das, was geschehen sei, sei nichts, und er könne aus Liebe zu Maria diese

Dinge schon ertragen. Er nahm sein Gebet wieder auf, und man hätte tatsächlich glauben können, es sei nichts geschehen, so die Zeugen, hätte sein Gesicht nicht die roten Spuren der Schläge getragen.

Aufgrund dieses Vorkommnisses wurde Kolbe befohlen, sich Zivilkleidung zu besorgen. Szenen dieser Art waren auch sonst schon in diesem Gefängnis vorgekommen, wo allein der Anblick eines geistlichen Gewandes unter den Nazimützen einen wütenden Hassausbruch auf die Priester auslöste.

Sein Orden hatte mehrmals versucht, ihn und die anderen Brüder aus Niepokalanów freizubekommen; aber religiöse Orden, die in der permanenten Gefahr einer stündlich zu erwartenden Liquidierung schwebten, waren für die Gestapo keine ernst zu nehmenden Verhandlungspartner. Die Gestapo beschränkte sich vielmehr darauf, allen Gesuchen eine »Zeugenaussage«, das heißt jene Falschaussage entgegenzuhalten, die – wie es dieser Mönch nach wie vor beteuerte – gefälscht worden war.

Zu Beginn des Monats April wurden die vier Gefährten Kolbes, die bisher im Käfig von Pawiak verstreut untergebracht gewesen waren, nach Auschwitz deportiert. Wahrscheinlich hatte Kolbe es gewusst, denn ein Gefängnis ist wie ein großes Ohr, die Kerkermauern sind wie ein Trommelfell. Am 28. Mai würde Kolbe an der Reihe sein.

Danach – so fährt das Evangelium fort – luden die Soldaten Ihm das Kreuz auf und führten Ihn an einen Ort, der auf Aramäisch Golgotha heißt.

Auschwitz

Ich komme jetzt auf das Unglaubliche und Unsühnbare zu sprechen, auf das Leiden der Unschuldigen, auf das entfernte Schluchzen der von einem Orkan von Schmerzen erfassten Mütter, auf den Berg Schuhe, die man Kindern auszog, die erst ein Lächeln waren und nun zu Rauch wurden. Ich spreche von den nutzlosen Klagen der Verzweiflung und der Verfluchung der Schöpfung, von den vielen Hektar Erde über den Leichen des Kain mit ihren schweigenden Passanten des Jenseits, die in unserer Erinnerung umherirren, den Mund voller Erde. Ich spreche von Auschwitz, jener feuchten Ebene mit ihren verwischten Grenzen, wo die Erde sich verflüchtigt, wo der Nebel seine Leinentücher über das Andenken dieser armen Geschöpfe zieht, die vergeblich versuchten, den letzten Funken ihres Lebens mit ihrer zum Skelett abgemagerten Hand zu schützen, als sie, schwächer und schwächer werdend, die aus giftigen Dünsten gemachte Luft einatmeten; ich spreche von ihrem letzten Todesseufzer.

Hier endete die Menschlichkeit.

Ein vergittertes Tor, über dem aus geschmiedetem Eisen die grinsende Inschrift stand: »Arbeit ist Freiheit«, gab den Weg frei auf die blutleere Zone einer ungeheuerlichen Vernichtungsfabrik mit ihren Wachtürmen, Plantagen aus Zementpfosten und ihrer Vegetation aus Stacheldraht, der sich in der Ferne in den Nebeln und den Rußschwaden aus den Krematorien verlor.

Wer dieses Tor einmal durchschritten hatte, ging seinem sicheren Tod entgegen.

Nach Ablauf einiger Monate wird ein solcher Mensch nur noch ein auf einem Haufen Wirbel aufgesetzter Schädel sein, bestehend aus Knochen, die wie von zerknittertem Pergament zusammengehalten werden. Seine Augen, die nur noch die Sprache des Abwesendseins sprechen, sind leere Höhlen, in denen nur noch ein letzter Funken Argwohn und Entsetzen glimmt. In den Verwaltungsberichten wird ein solcher Mensch nur als »Nummer« existieren. So also sieht ein menschliches Wesen aus, das von Entbehrung zu Entbehrung auf diesen linearen Zustand einer Skelettskizze reduziert wurde. Manche hielten nicht einmal drei Wochen durch, sondern erloschen schon beim ersten Windstoß. Die Frauen starben, kaum, dass sie aus den Güterwagen entladen worden waren. Sie waren verstört über die Hunde und die Uniformen, erstickten unter der Verzweiflung, von ihren Kindern getrennt und für niemanden mehr da zu sein, sondern stattdessen einsam und ausgeraubt von Augen fixiert zu werden, deren glasige Blicke nicht mehr der Gattung Mensch angehörten.

Und alles war Lüge, von der Inschrift am Eingangstor, die von jenem Spott zeugt, der die Werke des Bösen schmückt, bis zur Bühne der Musikkapelle, die der der Gehängten gegenüberlag.

Die lang gestreckten Gebäude in den nirgendwohin führenden Straßen waren keine Häuser, sondern Fabriken für Arbeitskräfte, für die der Schlaf nichts anderes mehr bedeutete als das erschöpfte Warten auf den nächsten Tag, ein Warten, das Albträume erzeugt. Die ehrbaren kleinen Kasernen mit ihren Ziegeldächern beherbergten keine Soldaten, sondern von Heinrich Himmler dressierte Expedienten des Nichts, jenem Himmler, der sich eines Tages selbst zu der allgemeinen Gewöhnung an das Töten und Massakrieren beglückwünschte, »die sie von anderen Menschen unterschied«, ehe er selbst einmal vor einem Blutbad von Gefangenen das Bewusstsein verlor, das eigens für ihn organisiert worden war, so wie man besonders hochgestellten Besuchern eine Fronttheatervorstellung gibt. Besagte Erfahrung veranlasste ihn, auf Mittel und Wege zu sinnen, um dieses Geschäft auf weniger strapaziöse Art für die Nerven der Henker zu bewerkstelligen. Die Henker waren stolz auf ihre in der täglichen Ausübung des Mordens errungene Gefühllosigkeit und wurden in der Tat so »verschieden«, dass ihnen die Gefühle, die den Adel und die Empfindsamkeit anderer Menschen ausmachen, fremd wurden und sie die menschliche Natur in dem Maße zu beherrschen glaubten, wie sie sich tief unter sie begaben.

Und noch eine Lüge, nämlich das »Krankenrevier«, das keines war, sondern ein Labor, in dem unsinnige medizinische und chirurgische Recherchen durchgeführt wurden. Es war eine Verpackungsstation von vorläufig noch lebenden, aber so gut wie schon toten Menschen, die, zu zweit Seite an Seite einander gegenüber auf schmalen Betten aufgereiht, darauf warteten, dass die Natur oder die »Auslese« – nämlich die Spritze eines Arztes, der kein Arzt war – ihrem Elend ein Ende machte. Diese fiktive, hospitalähnliche Erfindung war dazu bestimmt, bei dem Gefangenen die beruhigende Illusion zu nähren, dass man es nicht systematisch auf sein Leben abgesehen habe, dass es in seinem Kerker noch einen Zufluchtsort gebe und dass er die Chance habe, wenn schon nicht dem Entsetzen zu entkommen, so doch einen sanften Ausweg aus dem Entsetzlichen zu finden.

Lügen, Lügen, nichts als Lügen. Die totalitären Systeme, die keinen Widerspruch dulden, weder vonseiten der Moral noch dem gesunden Menschenverstand, noch der Gnade oder der Natur, nähren sich aus der Lüge und aus dem Holocaust. Ihre Opfer? Das waren die Juden, das lebende Mysterium, das auserwählte Volk, das durch die Inkarnation »christifiziert« wurde und von einem Kalvarienberg zum anderen ging, verfolgt von jenen, die ihm nicht verziehen, Christus der Welt gegeben zu haben. Ihre Opfer waren die Christen, die dem Kaiser nicht geben wollten, was Gottes ist; es waren die Ungläubigen, die sich weigerten, zu gehorchen, zu lügen oder sich im Dienste obszöner Götter von Rasse und Blut zu entehren; es waren die Zigeuner, die, ungeeignet zur Unterjochung, getötet wurden; es waren die Starken, die ihr Gewissen nicht betrügen konnten; es waren die Schwachen, bei denen es nichts auszubeuten gab als unerträgliche Überreste aus Würde und das gelbe Metall eines Eheringes oder eines Zahnes; es waren die Kinder, eine Unzahl von Kindern, die auf der Erde noch nicht lange gespielt hatten, als sie auch schon mit Gewalt wieder in sie hineingescharrt wurden.

Über die Mittel und Wege der Ausrottung zu diskutieren, wäre sinnlos, widerlich und fruchtlos. Wie sah wohl das Gewissen jener Menschen aus, die sich der Wirklichkeit nicht mehr bewusst waren, die das Offenkundige übersahen, nicht das Stöhnen hörten, das noch heute der Wind zu uns trägt und das die Pappeln von Auschwitz noch heute erzittern lässt? Alles, absolut alles, und nicht nur die Gewehre oder das Zyklon B, führte den Gefangenen zum Tode. Dazu gehörte die Unterernährung, die aus den Internierten auf lange Sicht einen Wurf von Knöchelchen in einem Sack aus Haut machte; es waren die stundenlangen aufrecht und bewegungslos in der Sonne zu verbringenden Appelle, gegen die man sich ebenso wenig schützen konnte wie gegen die Schneegestöber, bei denen der Schnee in die Stoffjacken drang und die Körper mit tödlicher Kälte umfing. Es war die Arbeit, die keine Arbeit war, sondern die zugunsten der benachbarten Industrien betriebene Ausbeutung der letzten physischen Reserven der Verdammten, die bis zum letzten Zucken ihrer Muskeln ausgenutzt wurden.

Es waren die Misshandlungen, die sie hier wie dort unter den Stockschlägen des Sonderdienstaufsehers oder der »Kapos« zusammenbrechen ließen, die von der Unterwelt des Lagers aufgrund ihrer perfekten Amoralität oder ihres vorteilhaft hysterischen und unterwürfigen Charakters »auserwählt« worden waren. Es waren aber auch die Krankheiten, die keine Aussicht auf Besserung hatten, und die Epidemien, die die Baracken heimsuchten, ohne dort auf Widerstand zu stoßen.

Vor allem, allem voran, war es die langsame und minutiöse Entwürdigung des Menschen, der seinen Namen im Austausch für eine auf seinen Unterarm eintätowierte Nummer verlor, auf dass diese Person niemals mehr ihre Leibeigenschaft würde verleugnen können, sollte es ihr je gelingen, einen Fluchtweg aus dem Wald von elektrisch geladenen Stacheldrähten zu finden. Ein solcher Mensch, der keine Zukunft mehr vor sich hatte, dessen Wurzeln ausgerissen worden waren und dessen Gedächtnis nur noch aus einem Herd von Schmerzen bestand, war von Verachtung, Gewalt und Angst überwältigt und bedrängt von einer seinem Körper anhaftenden Furcht; er war ein menschliches Wrack, das täglich ein Stück tiefer ins Bodenlose gezogen wurde. Es ging um diesen Menschen, um dieses Versprechen des Ewigen in ihm, das es zu beseitigen galt.

Und das Verbrechen begann keineswegs, wie einige es scheinbar glauben, auf der Schwelle der Gaskammer oder am Rande eines Massengrabes; es begann nicht mit den ersten im Lager üblichen Grausamkeiten oder dem Einstich der Injektionsnadel der angeblichen Mediziner, die zu den Totenköpfen des Aufseherdienstes der SS gehörten. Alles fing schon viel früher an. In Wahrheit begannen diese Verbrechen vor Gott und vor der menschlichen Moral schon zum Zeitpunkt der Verhaftung einer Familie, deren Bestimmungsort und Schicksal man sehr wohl ahnte. Die Individuen, die im Begriff waren, sich an den Kindern dieser Familien zu vergreifen, waren bereits ihre Mörder, als sie die Treppe zu ihren Wohnungen hinaufstiegen.

Das Martyrium

Hier, in dieser Umklammerung aus Verzweiflung und Jammer, wird Kolbe sterben.

Und da fragt man sich, ob er als Märtyrer gestorben ist?

Fünfunddreißig Jahre später wird diese Frage dem Gericht in Sachen Heiligsprechung vorgelegt werden. Konnte man dem kleinen Franziskaner, der die Menschen der ganzen Welt retten wollte, die rote Krone des Märtyrers zusprechen?

Viele Menschen in Polen, in Deutschland, in Japan und sonst irgendwo auf der Welt bejahten es. Im Stile Ludwigs des Heiligen, der den Engländern die Provinz *Guyenne* zurückgab, »um zwischen den Kindern Frankreichs und Englands Frieden zu stiften«, schrieb der deutsche Erzbischof Lorenz Jäger an Johannes XXIII. einen bewundernswerten Brief, in dem er ihn darum bat, der Sache zum Siege zu verhelfen, und »für unsere innerste Überzeugung und persönliche Verehrung des Dieners Gottes, der für die christliche Nächstenliebe und den katholischen Glauben als *Märtyrer gestorben* ist, damit jeglicher Groll zwischen dem edlen polnischen Volke und meinem Volke beseitigt werde«.

Aber wenn die Befürworter der Verkündigung des Märtyrertums auf der Welt auch zahlreich waren, so waren es in Rom doch nur äußerst wenige. Der *Advocatus Diaboli*, der bereit war, in der Frage der weißen Krone nachzugeben, zeigte sofortigen erbitterten Widerstand, kam man auf die rote Krone zu sprechen.

Der Tod Kolbes ließ ihn ratlos; nach seiner Ansicht war es ein Tod, der zwar einen Helden, nicht aber einen Märtyrer hervorbrachte. Er ließ allenfalls gelten, dass man ihm ein Denkmal errichte, und man spürt, dass er in diesem Falle bereit war, einzuwilligen.

Die Theologen, die man zu dieser Frage hinzuzog, waren auch nicht geneigter, nachzugeben. Sie drehten sich in der Frage der traditionellen Definition des Märtyrertums immer und immer wieder im Kreise, gemäß welcher es sich um »ein Glaubensbekenntnis bis zum Tode, der auf Glaubenshass zurückzuführen ist«, handeln muss. Sie sahen jedoch keine Möglichkeit, wie man dies auf Kolbes Fall anwenden könnte. Die Verteidigung mochte noch so sehr betonen, dass die Christenverfolger der heutigen Zeit nicht mehr dieselbe Offenheit wie einst hätten und zu einem Christen heutzutage nicht mehr sagen würden: »Schwöre deinem Gott ab oder stirb!«, sondern dass sie sich arrangieren, ihn mit anderen Beweggründen aus der Welt zu schaffen, da sie ohnehin auch hier wie irgendwo sonst Lügner sind. Nichts half, die Theologen gaben nicht nach. Die Verteidigung fragte sich daraufhin, ob das Verfahren nicht schneller abgewickelt werden könnte, indem man sich an die weiße Krone hielt, die ohne Schwierigkeiten zu haben war.

Als oberstem Richter lag Johannes Paul II. jedoch an der roten Krone. Für ihn gilt, dass totalitäre Systeme ihrer Natur nach dazu prädestiniert sind, »Märtyrer zu machen«, weil sie die Christen oder jeden freien Menschen im Allgemeinen in ein und dieselbe Situation bringen, wie es den Christen in den alten römischen Zeiten widerfuhr, als sie aufgefordert wurden, den zum Gott erhobenen Kaiser zu verehren. Der Christ und jeder freie Mensch, der dem nicht zustimmt und dadurch sein Leben verliert, ist ein Märtyrer. Als Glaubender stirbt er für die göttliche Person Christi, als Ungläubiger für eine irdische Person, mit der er verwandt ist.

Als man Johannes Paul II. zu bedenken gab, dass unter diesen Umständen alle Opfer der Nazilager Märtyrer wären und als solche verehrt werden könnten, sagte er nicht Nein.

Er hatte mit Interesse die Meinungen der Theologen angehört, aber noch aufmerksamer hörte er auf die Stimmen der Völker, die manchmal die Zeichen Gottes früher als die Experten erkennen. Er sprach sich für das Märtyrertum Kolbes aus – zum großen Erstaunen Roms und der Gerichtsinstanz, die über die Toten befindet. In seinen Augen war Kolbe durch sein Opfer weit über alle Diskussionen hinausgehoben worden. Denn macht man einer Kerze, die sich selbst verzehrt, den Prozess?

Ehe er seine Entscheidung kundtat, war er nach Auschwitz gereist. Er blieb dort wie angewurzelt auf der Schwelle des Kerkers stehen, in dem zehn Männer zum Hungertode verurteilt worden waren. Einer unter den zehn war ein Freiwilliger gewesen: Kolbe. Wer könnte da noch zweifeln, dass er ein Heiliger und ein Märtyrer war, ein Mann, der nur für andere lebte und der – wie Christus – freiwillig sein Leiden auf sich nahm?

Der Tod des Dieners Gottes

Der letzte Brief Kolbes stammt aus Auschwitz und ist mit dem 15. Juni 1941 datiert. Zu diesem Zeitpunkt wurden im Lager gewisse Verwaltungsregeln noch respektiert. Man führte ein Register über die Gefangenen, die schreiben durften, und man schickte an ihre Familien manchmal noch Todesanzeigen – allerdings in Form amtlicher Bescheide, deren Angaben über Todesumstände und Todesursachen unwahr waren. Danach fegte der Tod, der die Züge, die Gassen, die Gefangenenbaracken und die Hospitalbetten unter Beschuss genommen hatte, alles hinweg: die Register und Zivilbeamten, die Buchhalter und die Sargträger. An wen schon hätten die Familien, die sogar bis auf die Säuglinge ausgeplündert worden waren, schreiben können, umso mehr, als sie meist schon bei ihrer Ankunft in die »Desinfektionsräume« dirigiert wurden, jener verlogenen Bezeichnung, die als Aushängeschild für die Vernichtungsanlagen diente?

Der Brief Kolbes ist auf Deutsch auf zwanzig kurzen Zeilen linierten Papieres abgefasst, denen vierzig Zeilen mit Anweisungen darüber vorausgehen, was im Lager erlaubt ist (nämlich der Empfang von Geld und Zeitungen, die zugestellt werden, vorausgesetzt, sie werden über das »Postamt Auschwitz« bestellt) und was verboten ist (zum Beispiel Pakete, weil die »Gefangenen im Lager selbst alles kaufen können« – was eine weitere Lüge darstellte. Verboten waren Besuche, Gesuche und Bittschriften sowie Vorsprachen).

Kolbes Brief lautete wie folgt:

»Meine liebe Mutter, gegen Ende Mai bin ich mit einem Konvoi im Konzentrationslager Auschwitz (Oświęcim) eingetroffen. Was mich betrifft, ist alles in Ordnung. Über mich und meine Gesundheit solltest Du Dich, liebe Mutter, nicht beunruhigen, denn der liebe Gott ist überall und sorgt mit viel Liebe für alles und für uns alle.

Es ist besser, Du schreibst nicht hierher, denn ich weiß nicht, wie lange ich hier bleiben werde.

Mit herzlichen Grüßen und Küssen, Kolbe, Raimund.«

Er hat sich – wie soll ich es ausdrücken? – immer mit Achtung und Liebe seiner Mutter verbunden gefühlt. Ich erinnere mich nicht, in den tausend Briefen, die ich von ihm gelesen habe, auch nur die Spur eines Kusses gefunden zu haben. Kolbes Mutter wird zwei Jahre nach Kriegsende in der Erinnerung an diese Zärtlichkeit ihres Sohnes sterben, in der ruhigen Gewissheit, der Welt und der Kirche einen Zeugen der Nächstenliebe und Barmherzigkeit geschenkt zu haben.

Mit geschorenem Kopf und in gestreifte Fetzen gehüllt, war er zur Kennnummer 16670 geworden; aber jeder wusste, dass er Priester war. Die »Kapos«, die ihn schlugen oder ihre Hunde auf ihn hetzten, wussten es auch. Sowohl diese Individuen als auch die SS-Männer waren von der gemeinsamen Aversion gegen Priester wie Juden erfüllt, die sie dazu trieb, beide als Repräsentanten ein und derselben hassenswerten religiösen Überzeugung zu verfolgen. War ein Priester gestorben, dann geschah es, dass ihn die Wächter auf einen Karren werfen und von einem kleinen Zug Juden und »jenen Schweinen von Pfarrern« ins Krematorium begleiten ließen. Diese wurden gezwungen, singend hinter einem Priester einherzugehen, der eine imitierte Stola sowie anstelle eines Kruzifixes einen Handfeger tragen musste, indessen der mit Knüppeln bewehrte Ordnungsdienst wüste Wechselgesänge über das Thema: »Es gibt keine anderen Götter außer mir«, improvisierte.

Er wurde für alle nur möglichen und aufreibenden Arbeiten eingesetzt, manchmal auch für unheilschwangere Geschäfte. So hatte er zum Beispiel Leichen zu karren, und zwar einmal gemeinsam mit einem Mithäftling, welcher in einer anderen Welt Kultusminister gewesen war, der vor der Berührung mit den sterblichen Überresten der Toten zurückschreckte und der vor dem Rost des Krematoriums beinahe zusammenbrach. Die Nummer 16670 betete und segnete den Wind, der aus der lodernden Glut blies, und stützte gleichzeitig den Minister.

Man konnte beobachten, wie dieser Kranke den feuchten Sand der Sola, des Flusses, der am Lager entlanglief, aushob, während die von ihm benutzte Schaufel schwerer wog als er selbst. Man sah ihn Schubkarren mit Kieselsteinen schieben, alte Baumstümpfe schultern, deren Gewicht ihn straucheln ließ, was aber eine pflichtwidrige, verwerfliche Schwäche war, die unverzüglich bestraft wurde. Ein anderer Fronarbeiter fand ihn eines Tages so zusammengeschlagen vor, dass seine letzte Stunde gekommen schien; seine Wächter hatten ihn unter einen Blätterhaufen gestoßen. Er musste in die Krankenbaracke gebracht werden, weil er stark fieberte; sein Gesicht war geschwollen. Aber er sagte kein Wort, beklagte sich nie. Man wies ihm den letzten freien Platz an, der im Luftzug der Eingangstür lag. Dies begrüßte er sehr, weil er dadurch in die Lage versetzt wurde, die dazukommenden Kranken mit einem freundlichen Wort zu empfangen – oder zu beten, wenn die Toten hinausgeschafft wurden.

In dem Lager, das in den Schatten der Nebel begraben schien, in diesen achtundzwanzig inmitten der Dunkelheit und Finsternis wie die Flöße der Medusa erstarrt dastehenden Baracken, ging ein jeder seiner Insassen äußerst behutsam und vorsichtig mit der prekären Aufgabe seines Überlebens um. Es ging darum, unnötige Anstrengungen zu vermeiden, Windstößen wie Stockschlägen auszuweichen, die einzige Scheibe schwarzen Brotes, aus welcher der Hauptteil der täglichen Ration bestand, so einzuteilen, dass sie für vierundzwanzig Stunden ausreichte. Ein ehemaliger Oberstaatsanwalt, der früher einmal einen Hühnerdieb verurteilt haben mochte, wurde dabei ertappt, wie er durch die Nacht schlich, um Brot zu stehlen.

Im Block Nummer 18 verfügte Kolbe über eine Bettstelle zu ebener Erde. So konnte er, ohne jemanden zu stören, aufstehen, um die Hand eines Sterbenden zu halten oder von Verzweifelten besucht zu werden, die das nächtliche Alleinsein im Angesicht des Todes nicht mehr ertragen konnten und denen es nottat zu hören, dass die Welt noch existierte.

Zwölf Überlebende, zwölf wie durch ein Wunder Davongekommene, haben in Kolbes Prozess ausgesagt. Alle beschrieben denselben Mann, welcher leuchtenden Auges, aber so abgemagert, dass seine Knochen den Sträflingsanzug zu durchstoßen drohten, den Kopf schief über die Schulter geneigt, zu jeder Zeit und mit stets gleichbleibendem Lächeln für alle offen und bereit war.

Alle – Juden wie Christen, Geistliche wie Minister –, die in diese Bestattungshölle gestürzt worden waren, hatten ihn so erlebt, als sei er seinem eigenen Schicksal gegenüber gleichgültig und viel zu sehr mit seinen Kameraden beschäftigt gewesen, als dass er sich mit sich selbst hätte befassen können. Es war, als hätte er überall noch Unglücklichere, noch Bedauernswertere als sich selbst gesehen.

»Macht euch nichts daraus«, pflegte er zu jenen, die seine Wunden verbanden, zu sagen, »ich kann recht gut noch mehr aushalten.«

Es kam vor, dass er seine Brotration mit einem anderen teilte; damit gab er von seinem Leben, gab er von seinem Leib.

Man wusste nicht, woher diese schmächtige und misshandelte Person ihre Kraft schöpfte, woher dieser Kranke sich Hoffnung holte, die er um sich herum weitergab, so wie uns die Kommunion gebracht wird.

Die zwölf davongekommenen Mithäftlinge äußerten sich einhellig über seine Haltung, über sein stillschweigendes Leiden und sein Erstaunen, wenn man ihm wegen der Brutalitäten, deren häufiges Opfer er war, Mitgefühl ausdrückte.

Er war für sie wie die Taube in der Sintflut, und sein wachsender Heroismus muss auf sie einen sehr seltsamen und befremdlichen Eindruck gemacht haben.

Er war in diesen unheilschwangeren Kerker gefallen, in dem das Wirkliche wie ein letztes Fragment des Absoluten in einem grauenhaften Albtraum unterging.

Er nährte sich von alldem, was ihm verweigert wurde; er stärkte sich an alldem, was ihn eigentlich hätte zerbrechen müssen – und während man glaubte, ihn zu erniedrigen, erwies er der Menschlichkeit die Ehre.

Wie kam man gegen ihn an? Er verbrachte die Zeit seiner Internierung wie eine hochvertrauliche Mission, und es war seine einzige Sorge, sich ihrer nicht unwürdig zu erweisen. Die Internierten waren die Gefangenen des im Lager herrschenden Terrors und der unüberwindbaren Hindernisse, die sie von der Welt trennten. Die »Kapos« waren die Sklaven ihrer niedrigen Instinkte; sie waren an ihre Hunde gekettet, und den Exzessen ihres Sadismus gelang es nicht, ihre Angst zu maskieren, es ihren Vorgesetzten in Menschenverachtung gleichzutun. Die SS-Männer waren die Gefangenen ihres Drills zur Unmenschlichkeit, der sie taub machte gegen das Stöhnen und blind gegen jegliches Leiden; sie waren die Gefangenen ihrer Koppeln, Stiefel und Lügen.

Die Nummer 16670, die jenen äußersten Zustand erreicht hatte, in welchem Selbstverleugnung und Selbstlosigkeit an das Unveräußerliche und Ewige grenzt, war der einzige Mensch in diesem Gefängnis, der sich ohne Fesseln bewegte.

Er war der Einzige, der frei war.

»Er wirkte unter uns wie ein Fürst«, sagte ein Augenzeuge. Ab und zu gab es Fluchtversuche, erfolgreiche und vergebliche. Man hatte einen Flüchtling völlig nackt unter einem Berg Leichen versteckt gefunden; solcherart war in Auschwitz Mittel und Weg, unerkannt davonzukommen.

Gegen Ende des Krieges wurden die Fluchtversuche zahlreicher. Die »Endlösung des Judenproblems« nahm die Aufmerksamkeit der »Sterbeunternehmer« völlig in Anspruch; jedoch vermehrte Bauarbeiten und Frondienste außerhalb des Lagers boten den Überlebenden so manche Gelegenheit, ein ziviles Kleidungsstück zu ergattern und Komplizen unter der polnischen Bevölkerung zu finden. Im Jahre 1941 jedoch war es so gut wie unmöglich, dass ein Häftling entkam. Man kann sich fragen, ob es sich manchmal nicht ganz einfach um einen Verschollenen handelte, der in einem Flussarm ertrunken war oder tot und vergessen in irgendeinem Loch lag.

Die stets völlig unverhältnismäßigen Repressalien nahmen im Laufe der Jahre unterschiedlichen Charakter an.

Für einen entkommenen Gefangenen griffen sich die Monster des Strafvollzugs in jenen Tagen zehn Männer.

Zehn Häftlinge wurden zu Hunger und Durst verurteilt, »bis der Flüchtling wieder eingefangen wurde«. Aber selbst dies war eine Lüge.

Ob der fehlende Gefangene wieder auftauchte oder nicht, die Verurteilten blieben verurteilt.

Gegen Ende Juli wurde Kolbe in den Block Nummer 14 verlegt, wo man vor allem die Überlebenden aus der Krankenbaracke zusammenpferchte. Die dort ausgegebenen Essensrationen waren reduziert. Die weniger Kranken wurden zu leichteren Gartenarbeiten eingesetzt oder halfen bei der Ernte außerhalb des Lagers.

Jenseits des Stacheldrahtes und außerhalb des Gesichtskreises der Wachtürme wurde die Flucht zu einer Sache des Entschlusses und der Wahrnehmung einer sich plötzlich bietenden Gelegenheit.

Am letzten Tag des Monats signalisierte das wilde Heulen der Sirenen eine solche Flucht; es war gegen drei Uhr nachmittags. Die Sirenen alarmierten nicht nur die Wachen, sie waren auch bis weit hinaus in die Felder zu hören und alarmierten ebenfalls die Patrouillen.

Nach der Arbeit mussten sämtliche Lagerinsassen auf dem Exerzierplatz im Stehen warten. Es wurde festgestellt, dass der fehlende Mann zu Block Nummer 14 gehörte und dass es sich bei ihm um einen Bäcker aus Warschau namens Klos handelte.

Um neun Uhr wurde etwas Suppe verteilt, nicht aber an die Gefangenen aus dem Block Nummer 14, deren Rationen in den Rinnstein geschüttet wurden; danach wurde der Befehl zur Rückkehr in die Baracken gegeben.

Und die ganze Nacht hindurch nährten die Gefangenen noch schwache Hoffnungen.

Im Morgengrauen des nächsten Tages nach dem Kaffee rückten alle Gefangenen zu ihrer Arbeit ab, wobei der Flüchtling noch immer fehlte. Die sechshundert Gefangenen aus Block Nummer 14 waren den ganzen Tag lang regungslos in der prallen Sonne in Reihen zu sechzig auf dem großen freien Platz angetreten. Die kleinsten standen in der ersten Reihe, die anderen dahinter; von Zeit zu Zeit brach einer unter ihnen zusammen. Zuerst ließ man die Ohnmächtigen liegen, dann kam eine Abordnung, um sie abseits aufzustapeln. Es war ihnen verboten, sich hinzusetzen oder zu sprechen, und es war ihnen bei Todesstrafe verboten, aus den Reihen herauszutreten. Um drei Uhr nachmittags gab es eine halbstündige Pause und etwas Suppe; danach musste wieder strammgestanden werden. Beim Abendappell erschien von Wachen und Hunden begleitet der stellvertretende Lagerkommandant, SS-Führer Karl Fritsch. Er kam in Begleitung von SS-Stabsfeldwebel Palitsch, der sich eines Tages damit brüsten sollte, mehr als 20 000 Menschen getötet zu haben, worunter er eine große Zahl mit seinem Karabiner umgebracht hatte, den er eigens und eigenhändig zu dem Zwecke umgearbeitet hatte, damit er weniger geräuschvoll und schneller funktionierte.

Kommandant Fritsch teilte den Gefangenen mit, dass – da der Flüchtling nicht wieder aufgefunden worden sei – zehn von ihnen zum Hungertode im Bunker des Blocks Nummer 11 verurteilt würden. Danach ging er durch die Reihen, um seine Opfer auszusuchen; manchmal schrie er: »Mach's Maul auf!«, und der Feldwebel notierte die Nummern. Nach und nach formierte sich so die kleine Gruppe der Verdammten.

Dann geschah etwas Unglaubliches: Ein Gefangener wagte es, aus der Reihe herauszutreten und darum zu bitten, den Platz eines anderen einzunehmen, der schluchzte und um sein Leben bettelte.

Dieser Gefangene war Kolbe. Dem kleinen Franziskaner war es zwar nicht gelungen, »die ganze Welt zu bekehren«, aber mit dieser Geste würde er alle Menschen zu seinen Freunden machen.

Von den zwölf Zeugen, die Kolbe in Auschwitz gekannt hatten und die während des Prozesses gehört wurden, war einer in diesem Augenblick nicht im Lager; drei andere waren anderswo beschäftigt; ein anderer bemerkte und hörte nichts, obwohl er dabei war; drei weitere konnten die zwischen Kolbe und dem Kommandanten Fritsch gewechselten Worte nicht hören. Der Zeuge schließlich, bei dem es sich um den von Kolbe geretteten Gefangenen handelte, sprach kein Deutsch und konnte dem Wortwechsel daher nicht folgen.

So bleiben also drei Zeugen, die gesehen, gehört und verstanden hatten; sie stimmen bei ihren Berichten über den Sachverhalt bis auf einige wenige Einzelheiten überein. (Aber auch in den Evangelien gibt es diese leichten Unterschiede.) Zwei täuschten sich ganz offensichtlich in der

Nummer von Kolbes Block, sei es, dass ihre Erinnerung sie im Stich ließ, sei es, dass sich die Nummern der Blöcke geändert hatten; so scheint es, als ob der Block Nummer 11 eine Zeit lang der Block Nummer 13 gewesen war. Über das Ereignis selbst bestehen bei ihnen keine Meinungsverschiedenheiten.

Hier sind die Aussagen, so wie sie von dem für die Heiligsprechung zuständigen Gericht festgehalten wurden:

Professor Mieczysław Kościelniak sagte aus: »Der Diener Gottes ist freiwillig anstelle seines gefangenen Kameraden Franciszek Gajowniczek, einem Familienvater, gestorben. Es geschah in den ersten Augusttagen des Jahres 1941. Wegen der Flucht eines Gefangenen befahl der Lagerführer Fritsch als Vergeltungsmaßnahme den Tod von zehn Männern.

Unser Block wurde von Wachen mit Maschinengewehren und Hunden umstellt. Der Lagerführer Fritsch suchte persönlich die Opfer aus. Ich stand in der dritten Reihe und konnte das Ganze gut beobachten. In einem bestimmten Augenblick zeigte Fritsch auf den Gefangenen Franciszek Gajowniczek, der zu Tode erschrocken schrie, man möge ihm doch sein Leben lassen.

Daraufhin trat aus den Reihen der Gefangenen einer hervor, in dem ich Pater Kolbe wiedererkannte. Der Diener Gottes näherte sich Fritsch und erklärte ihm mit ruhiger Stimme und auf Deutsch, dass er anstelle des Franciszek Gajowniczek sterben wolle. Der von dieser Tat des Dieners Gottes irritierte Fritsch fuhr mit der Hand an den Revolver und schrie: ›Du bist verrückt geworden!?‹ Pater Maximilian wiederholte seine Bitte noch einmal deutlich, indem er sagte, dass sein Leben weniger wert sei als das dieses Mannes, nämlich Gajowniczeks, eines Familienvaters. Nach einem kurzen Augenblick der Stille fragte Fritsch den Diener Gottes: ›Was ist dein Beruf?‹ Pater Maximilian antwortete: ›Ich bin katholischer Priester und Mönch.‹ Nach einer weiteren

Pause gab Fritsch seine Einwilligung und schickte den Diener Gottes zu der zum Tode verurteilten Gruppe von Gefangenen, während Franciszek Gajowniczek in seine Reihe zurücktrat.«

Aussage von Joseph Sobolewski, Anwalt: »Die Umstände, unter denen der Diener Gottes sich anbot zu sterben, sind die folgenden: Im Lager entfloh ein Gefangener aus dem Block Nummer 2. Die Kommandantur befahl, ihn zu suchen, und drohte damit, zehn seiner Kameraden zum Hungertode zu verurteilen, sollte der Flüchtling nicht wiedergefunden werden. Da der Entkommene nicht wieder eingefangen werden konnte, wurden beim Abendappell vom Kommandanten Fritsch, dem Rapportführer Palitsch und anderen SS-Leuten zehn Gefangene ausgesucht, die zum Tod durch Hunger in den Bunker geschickt werden sollten. Ich befand mich in der letzten Reihe des Blockes Nummer 8, und direkt hinter mir standen die Gefangenen des Blockes Nummer 2, unter denen die zehn Verurteilten ausgesucht werden sollten. Ich konnte den Ablauf der Aktion genau beobachten. Zu einem bestimmten Zeitpunkt wurde ein Gefangener ausgewählt, der, als er aus seiner Reihe hervortrat, verzweifelt zu jammern begann und schrie, er habe eine Frau und Kinder, und nun müsse er zugrunde gehen. Dieser Gefangene schloss sich von rechts her der kleinen Gruppe der bereits ausgesuchten Gefangenen an. Nach ihm kamen noch zwei oder drei an die Reihe, dann war es zu Ende. Der Lagerkommandant und die anderen SS-Leute waren dabei, sich vom Block Nummer 2 zu entfernen, als plötzlich aus demselben Block Nummer 2 der Diener Gottes hervortrat und zum Kapo sagte, er wolle mit dem Kommandanten sprechen. Der Kapo befahl dem Diener Gottes, in seine Reihe zurückzutreten; dieser gehorchte jedoch nicht und bestand darauf, mit dem Kommandanten zu sprechen. Die SS-Leute, die neben ihm standen, informierten den Kommandanten, worauf dieser sich zum Diener Gottes umdrehte und ihn fragte: ›Was willst du?‹ Der Diener Gottes antwortete, dass er anstelle des Gefangenen, der so verzweifelt sei und der Frau und Kinder zurücklassen müsse, sterben wolle. Der Kommandant fragte ihn nach seinem Beruf; er antwortete, dass er Priester sei. Daraufhin befahl ihm der Kommandant, zu der Gruppe der Verurteilten zu gehen. Der Diener Gottes ging sehr rasch dorthin, und der Verzweifelte trat in seine Reihe zurück.«

Aussage von Doktor Niceto Wlodarski: »Es geschah, dass Ende Juli oder Anfang August ein Gefangener – ich glaube, er gehörte zu der Gruppe der Gartenarbeiter – floh und entkam. Da dieser Flüchtling nicht wieder eingefangen werden konnte, beschloss die Lagerkommandantur, zehn Gefangene aus dem Block Nummer 2 auszusortieren. Während des Appells war ich vom Diener Gottes nur durch drei oder vier Personen getrennt. Der Lagerführer Fritsch, in Begleitung des Rapportführers Palitsch und anderer SS-Leute, bestimmte zehn Gefangene, unter ihnen Franciszek Gajowniczek. Sobald dieser verstand, was ihm bevorstand, schrie er vor Schmerz und Verzweiflung, dass er Frau und Kinder habe, dass er sie wiedersehen wolle, und nun müsse er sterben.

In diesem Augenblick trat Pater Maximilian Kolbe aus den Reihen hervor, lüftete seine Mütze und erklärte dem Lagerführer, indem er auf Gajowniczek wies, dass er den Wunsch habe, sich für diesen Gefangenen zu opfern, weil er selbst weder Frau noch Kinder habe. Der Lagerführer fragte ihn nach seinem Beruf. Er antwortete: ›Ich bin katholischer Priester‹, was bei den SS-Leuten einen Moment der Überraschung auslöste. Fritsch befahl darauf Gajowniczek, in seine Reihe zurückzutreten, und dem Diener Gottes, zu den zum Hungerbunker Verurteilten zu gehen.«

Auch der polnische Gefreite Gajowniczek hatte seinerseits beobachtet, wie Pater Kolbe aus der Reihe herausgetreten war, was eine unerhörte Tat war. Da er aber kein Deutsch sprach, verstand er das, was sich abspielte, erst, als ihm befohlen wurde, an seinen Platz zurückzukehren. Er lebt noch heute.[11]

Vom Fenster eines nahe gelegenen Gebäudes aus hatte ein Gefangener die ganze Szene mitverfolgt. Er sah, wie die SS-Leute die kleine Gruppe der Verurteilten zum Block Nummer 11 stießen. Maximilian Kolbe marschierte als Letzter und stützte einen Kameraden. Alle gingen barfuß, denn man hatte ihnen befohlen, ihre Holzpantinen auf dem Platz zu lassen.

Beim Block Nummer 11, dessen Hof von einer sehr hohen Mauer umgeben war, handelte es sich um das Gebäude, in dem die Verhöre und die »Exekutionen« durchgeführt wurden. Man musste einige Stufen auf einer Außentreppe hinauf- und dann in den Bunker hinuntersteigen, der aus einigen Quadratmetern Keller bestand, der auf einen mit einem Gitterrost verschlossenen Korridor hinausging.

Die Verurteilten, die sich vor dem Block hatten ausziehen müssen, betraten nackt ihren letzten Aufenthaltsort. Dabei handelte es sich um einen drei mal drei Meter breiten leeren Raum, in dem nur ein Kloeimer stand. Von einer Kellerluke, die fast auf der Höhe der Kellerdecke lag, drang ein schwacher Schimmer aus der Welt der Lebenden in den Raum.

Als ihr Kerkermeister die Tür hinter ihnen schloss, zitierte er für sie mit jovialem Grinsen ein Bruchstück aus einem Gedicht seiner Heimat: »Ihr werdet wie die Tulpen vertrocknen«, rief er ihnen zu.

Hunger ist furchtbar, der Durst noch schlimmer. Die Entwässerung greift nämlich zunächst die Gehirnzellen an und entfesselt die stummen Gewitter der Albträume und Halluzinationen.

---

[11] Er starb am 13.3.1995, nachdem das Buch auf Französisch im Jahr 1987 erschienen war.

Nach dem Zeugnis eines früheren Gefangenen, der in dem Hungerbunker die Funktionen des Dolmetschers und Sargträgers zu erfüllen hatte und der, ehe er 1947 starb, darauf bestand, vor einem Notar auszusagen, delirierte Pater Kolbe – auch als er schwächer und schwächer wurde – nicht; er klagte auch nicht, sondern bemühte sich, seine Kameraden zu trösten. Wenn man kam, um die Leichen hinauszuschaffen, fand man ihn meistens stehend oder auf den Knien betend, oder er stimmte ein Kirchenlied an, das im Chor um ihn herum aufgenommen wurde. Wenn er im Korridor vorbeikam – so der Zeuge –, glaubte er, in einer Kirche zu sein. Die Gefangenen aus früheren Repressalien, die in den umliegenden Zellen bereits im Sterben lagen und deren Todesqualen bald beendet sein sollten, hätten ebenfalls diesen Eindruck gehabt. Denselben Eindruck hatten auch die Gefangenen im Hof des Blockes Nummer 11, die manchmal im Mondlicht durch das Kellerfenster rasierte Schädel erkannten und von dort singen hörten.

Selbst die Kerkermeister waren erstaunt. »Wahrlich ein Mensch«, sagten sie.

Allmorgendlich wurde der leere Toiletteneimer entleert und die in der Nacht Verstorbenen aus dem Bunker hinausgeschafft. Die Eichentür schloss sich hinter den bleichen Schatten, die bereits aus den Registern gestrichen worden und die in ihrem eigenen Grabe nur noch ein vergebliches Zucken waren.

Am 14. Tag, am Vorabend von Mariä Himmelfahrt, wurde der Befehl gegeben, die noch Überlebenden vollends zu töten.

Der Handlanger des Todes trat, mit einer Phenolspritze bewaffnet, in das Halbdunkel der Gruft und erkannte drei auf dem Zementboden ausgestreckte Sterbende und eine ausgetrocknete Gestalt, die gegen die Mauer lehnte. Das war Kolbe, der jetzt zum Ende seiner Passion kam, denn der Handlanger des Todes ging zu ihm hin, und die Spritze tat ihr Werk.

»Also«, so sagt es das Evangelium, »näherten sich die Soldaten Jesus, und einer unter ihnen durchbohrte seine Seite mit einer Lanze.«

So starb Maximilian Kolbe und mit ihm jenes Kind, das die Jungfrau Maria so sehr liebte; so starb auch der junge begeisterte Priester, der einst seinem Tagebuch seinen Entschluss anvertraut hatte, sich seinen Mitmenschen bis zum Äußersten zu opfern; damit starb der Häftling, der früher einmal gehofft hatte, sein Staub möge in die Winde verstreut werden, und der dann am Tage des Festes Mariä Himmelfahrt nichts mehr sein sollte als die Asche im Schlund eines Krematoriums. So endet im Schweigen und in der Verlassenheit dieses Leben, von dem nichts übrig bleibt als die Liebe.